やせる背骨しぼり

我慢も無理もさせず結果を出す
パーソナルトレーナー
隅田咲

サンマーク出版

背骨しぼる
背骨をギュッ！
下腹といっしょにギュ～ッ！

やせる
下半身からギュ〜ッ！
わき腹までギュッ！
しっかり1分間
背骨をしぼるだけで
勝手に
やせる体になる
肩からギュッ！

り　挑戦したら

みなさん無理なく脂肪が落ちました

痛みや不調にも効く

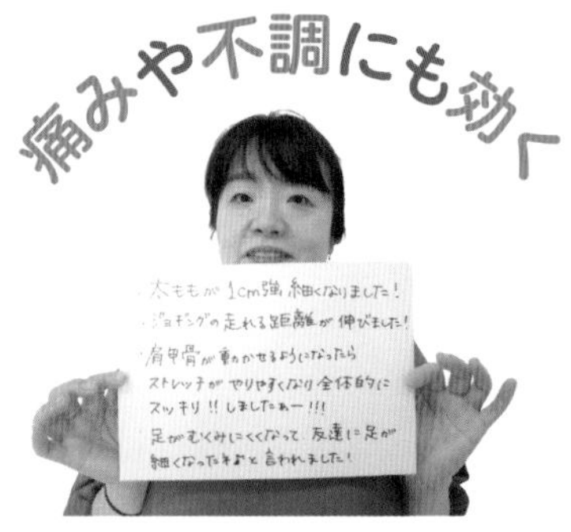

どうせ、キツい運動でしょと思っていたら違った！

「しぼるだけ」って、あやしい気がしたけれど……

「やせる背骨しぼり」は、基本的に床に座ったまま体をギュッとひねって1分間キープするだけ。ほぼ動きません。ダイエットに取り入れられがちな長時間のウォーキングや筋トレなどと比べたら「運動ですらない」と感じる方も多いメソッドです。

実際に多くの人がダイエットに成功しているので、ご安心ください。“ぞうきんしぼり”のように体幹をギュッとしぼりあげることで、こり固まっていた広範囲の筋肉が稼働し始めます。なかでも脂肪をエネルギー源とする深層筋が猛烈に働くようになるので、やせにくい体が、脂肪が勝手に燃える体に変わるのです。

やせる背骨しぼ

こんなにやせました！

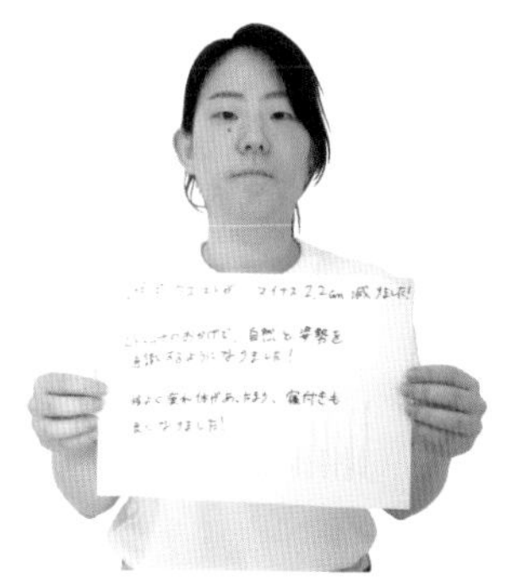

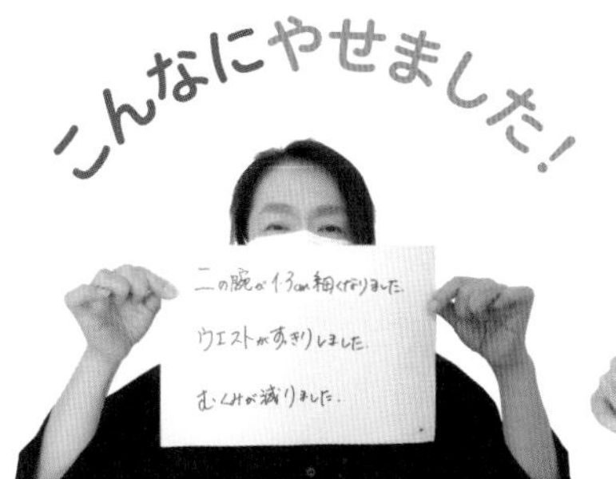

どのダイエットも続かなかった私がやせるなんて

やる気が出ない日や体調が悪い日は、無理に頑張らず休んで。何度お休みしたとしても、深層筋を使えるようになった変化や効果が確実に蓄積されていくのが、このダイエットの利点です。“やせる体の土台”ができるので、一定期間続けたら目に見える成果があらわれます。やせる背骨しぼりは、完璧にできるようになったら、やめても大丈夫です。

40歳あたりから何をしてもやせないと思ってた……

さまざまなダイエットでやせなかった30代、40代のモニターさんたちが無理なく7kg近く体重を落とし、気になる部位のサイズダウンに成功しています。私のジムに通ってくださる方々は40代、50代の女性がメインで60代や70代の方もいらっしゃいますが、そのなかには10kg以上のダイエットに成功された方も。

やせる
背骨しぼり
モニター結果
❶

背骨しぼりだけで無理なくやせました！

お腹のたるみが
気になる

BEFORE

42
歳

田中香那 さん

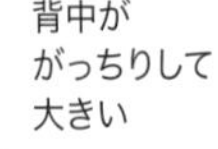

背中が
がっちりして
大きい

BEFORE
DATA

二の腕	30 cm
太もも	54 cm
ウエスト	77 cm
体　　重	61 kg
体脂肪率	35.8 %

始める前

出産までに体重が17kg増加し、
どうにか11kg減量したものの、
背中にお肉がついたままで後ろ姿はおばさん……。
腰痛や頭痛もひどく、太りすぎたせいか
ひざも痛くて仕方なかった

二の腕
-6cm

太もも
-7.5cm

ウエスト
-8cm

体　重
-7.5kg

体脂肪率
-8.3%

結果

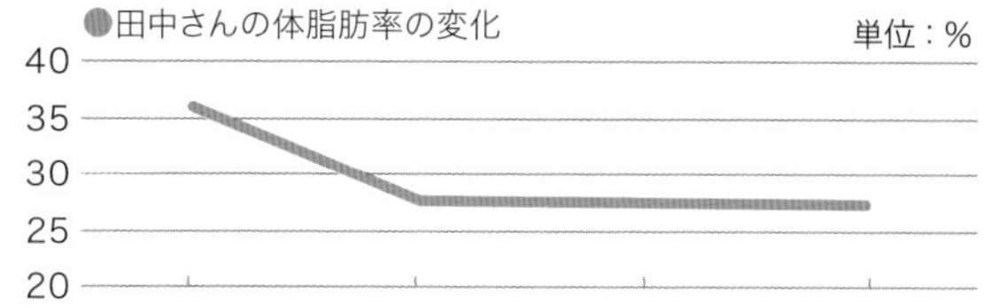

●田中さんの体脂肪率の変化

単位：%

40
35
30
25
20

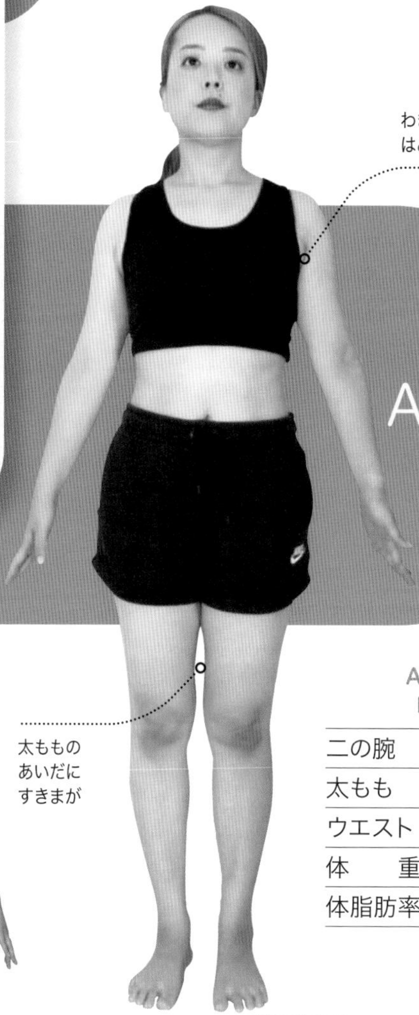

AFTER

わきの下の
はみ肉が減った

太もものあいだにすきまが

腰まわりもすっきり

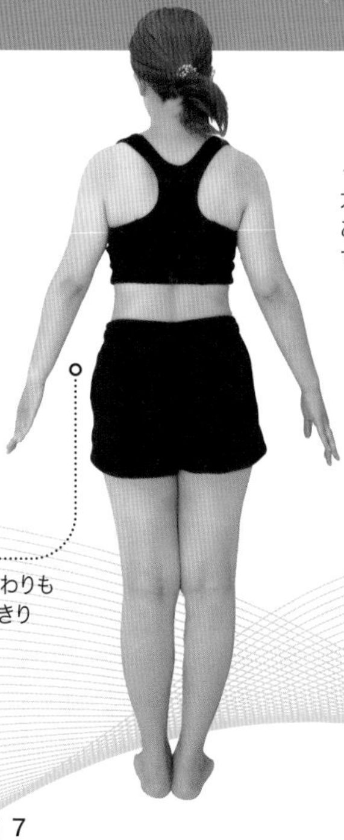

AFTER DATA

二の腕	24 cm
太もも	46.5 cm
ウエスト	69 cm
体　重	53.5 kg
体脂肪率	27.5 %

●田中さんの変化

二の腕	30cm	→	24cm	-6cm
太もも	54cm	→	46.5cm	-7.5cm
ウエスト	77cm	→	69cm	-8cm
体　重	61 kg	→	53.5 kg	-7.5 kg
体脂肪率	35.8 %	→	27.5 %	-8.3 %

やせる
背骨しぼり
モニター結果
②

背骨しぼりだけで無理なくやせました！

二の腕が
しっかりしている

BEFORE

34
歳

中野経子 さん

ウエストが
ややふっくら

BEFORE
DATA

二の腕	28.2 cm
太もも	52 cm
ウエスト	74.6 cm
体　重	57.2 kg

始める前

二の腕や背中、太ももに肉がついて、むくみやすい。
つねに空腹感があり、お菓子ばかり食べていた。
姿勢は前かがみ、かつ巻き肩で肩や腰のこりがひどい。
少し歩いただけでも疲れるし、回復してくれない。
寝つきが悪く、休日は昼ごろまで寝てしまう

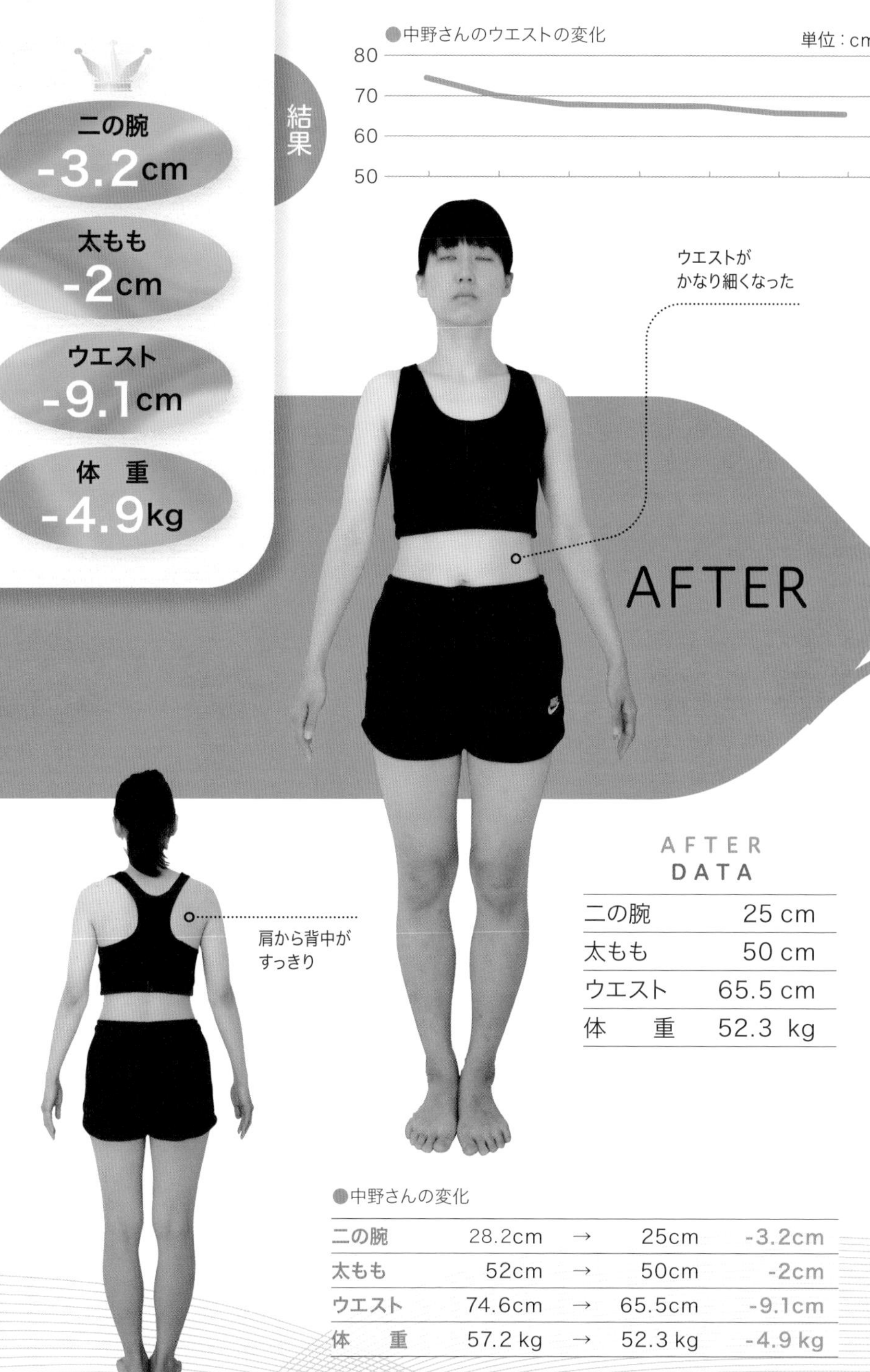

AFTER
DATA

二の腕	25 cm
太もも	50 cm
ウエスト	65.5 cm
体　重	52.3 kg

●中野さんの変化

二の腕	28.2cm	→	25cm	-3.2cm
太もも	52cm	→	50cm	-2cm
ウエスト	74.6cm	→	65.5cm	-9.1cm
体　重	57.2 kg	→	52.3 kg	-4.9 kg

人生で最もラクにやせた！　脂肪とともに不調も消滅

炭水化物抜きや、夕食をプロテインに置き換えるなど「食べない系ダイエット」を繰り返してきたので、ごく普通に食べられるところが、これまででいちばんラクでした。とにかく簡単で、正直「これでやせるの？」と思ったほどです。

体が硬すぎて2週間はキツかったですが、その後はやせて腰痛がやわらぎ、動作も苦にならなくなりました。いつもデブだとからかってきた小学生の甥に「やせたね。きれいになったよ」と言われたのが地味にうれしかったです（笑）。

やせただけでなく、腰痛や頭痛、ひざ痛、反り腰が解消し、週1回の整体に行かなくてすんで、節約もできています。

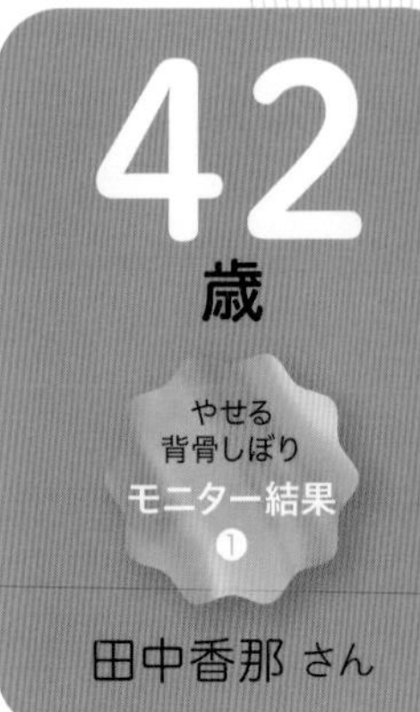

42
歳
やせる
背骨しぼり
モニター結果
❶
田中香那 さん

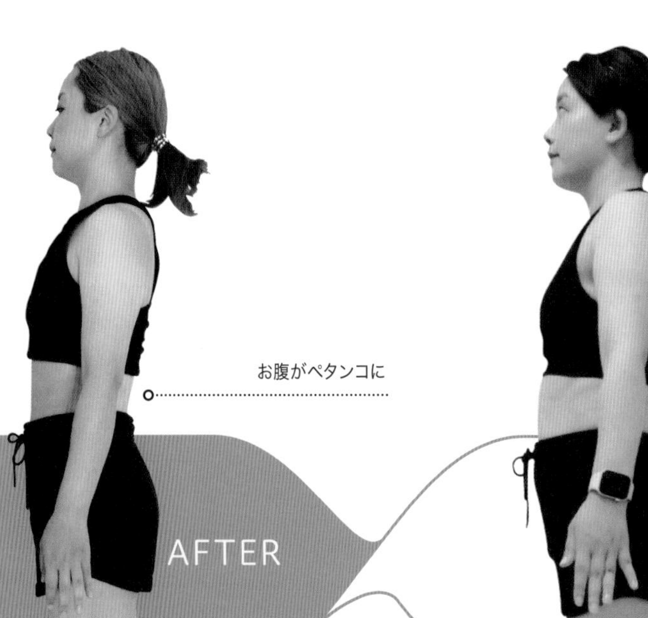

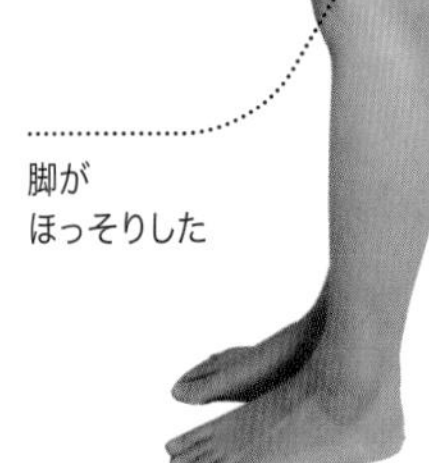

気をつけたこと

やせる背骨しぼりを毎日行うほか、なるべく野菜を食べて、お菓子は無理のない範囲で食べすぎないよう心がけた。

1か月でウエストほっそり。気持ちまでどんどん前向きに

最初のうちは5種類やるのがしんどくて、汗だくに。でも2週間続けると、やるのが当たり前になって体が軽くなりました！　1か月後には背すじがピンと伸びて疲れにくい体に。ウエストが細くなり、以前はパツパツだったズボンがするっとはけるなど、着られる洋服が増えたのがうれしくて。

家族や友人には「やせて健康的になった」と言われます。何より実践後は、体がすっきり軽くなるし肩の力が抜ける気もするので、心地よく続けられます。体調がよくなったおかげで、気持ちも前向きになりました。

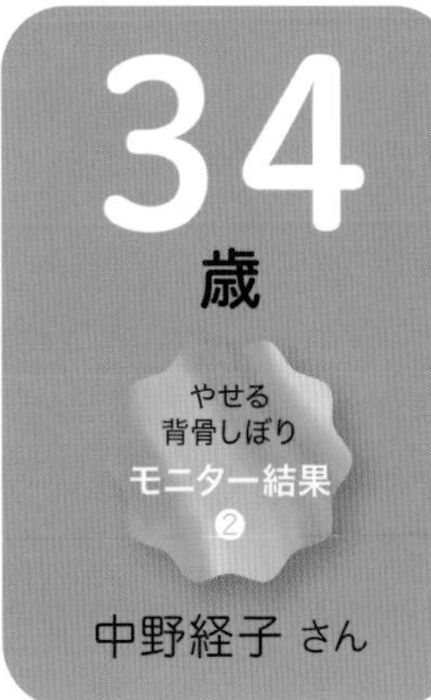

34
歳
やせる
背骨しぼり
モニター結果
❷
中野経子 さん

二の腕が引き締まる

AFTER

BEFORE

下腹が
すっきり

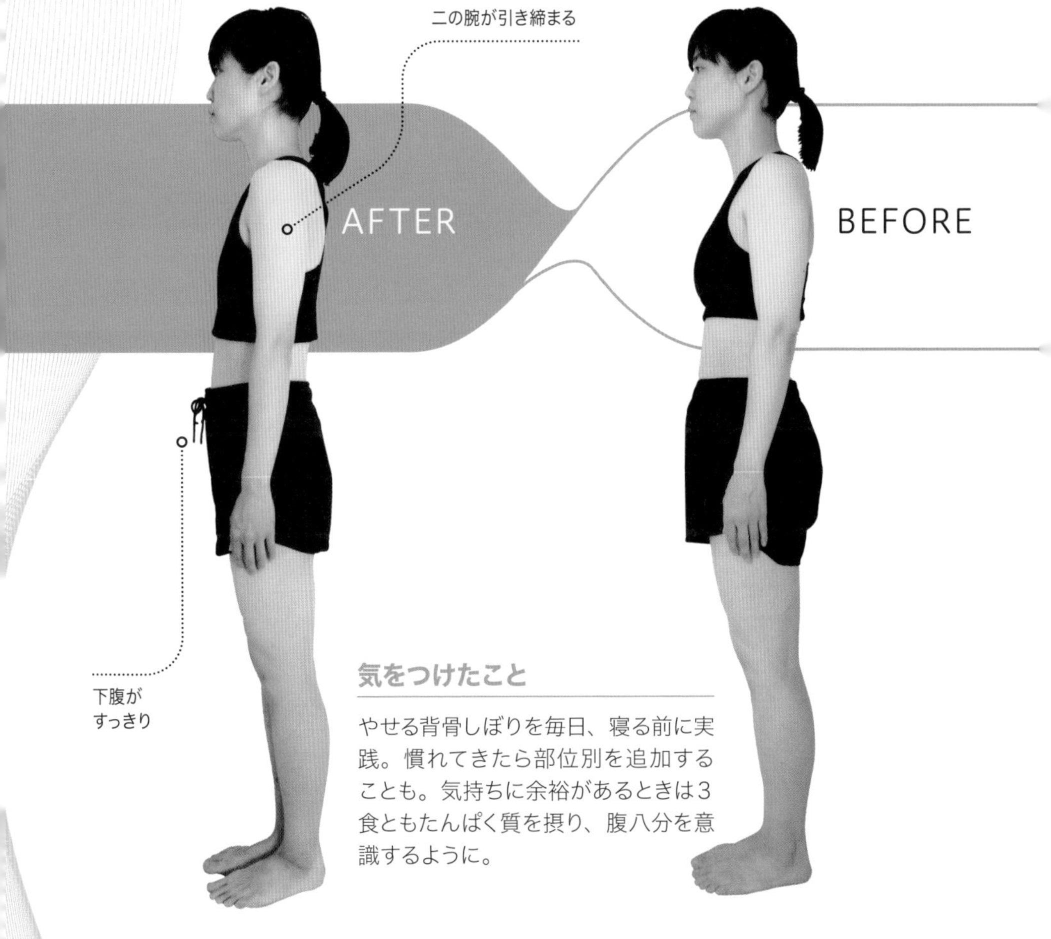

気をつけたこと

やせる背骨しぼりを毎日、寝る前に実践。慣れてきたら部位別を追加することも。気持ちに余裕があるときは3食ともたんぱく質を摂り、腹八分を意識するように。

やせる
背骨しぼり
モニター結果
③

背骨しぼりだけで無理なくやせました！

33歳

M・Sさん

ダイエットをしてはリバウンドを繰り返しているので、すっきりとした体形を維持できるようになりたいです。華奢でしなやかな体をめざしています。具体的には、太ももを細くして体重をあと3kg減らしたいです。

BEFORE DATA	
二の腕	27 cm
太もも	49 cm
ウエスト	67 cm
体　重	53 kg
体脂肪率	27 %

AFTER DATA	
二の腕	23.1 cm
太もも	43.8 cm
ウエスト	58.5 cm
体　重	46.7 kg
体脂肪率	23 %

始める前

太ももが太く、下半身太りに悩んでいた。
太り始めた当初は、食事を極限まで減らして減量し、その後はリバウンド。
やがて食事を制限してもやせなくなり、太る一方に……

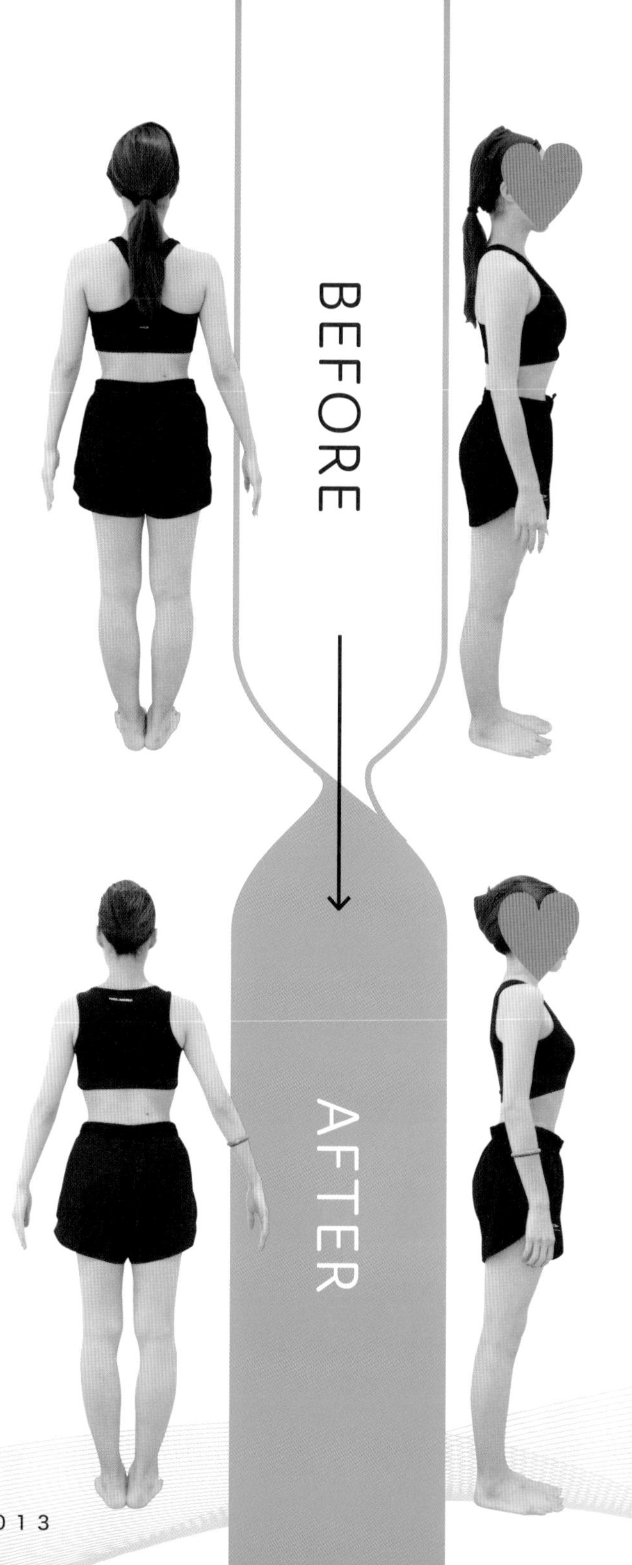

気をつけたこと

すきま時間に小分けで行い、お尻のエクササイズなども追加。毎週の外食は楽しみなので死守し、外食の前後はあまり食べすぎないよう気をつけた。

リバウンドしなかった

体を1分間しぼりあげてキープするだけだったので、毎日無理なく継続しやすかった印象です。

1か月後には、お腹や太ももが細くなってきました。2か月半で約7kgやせて昔の体重に戻ったことと、気になっていた太ももまわりが5㎝以上細くなったのは本当にうれしかったです。

これまでは無理なダイエットでリバウンドを繰り返してきたのですが、やせる背骨しぼりは長時間の運動や食事制限がなく、続けやすいところが魅力でした。

はじめに

勝手にやせる体をつくるために

やせる背骨しぼりは、キツい運動をまったくしないどころか、ほぼ体を動かさず、無理をして食欲を我慢することもなく、余分な脂肪を効率よく落としていくメソッドです。

実践してくださった方々からは、

「自分史上、最ラクに10㎏落とせました！」

「ダイエットなのに我慢も運動もしなくていいなんて」

「リバウンドしなかったのは生まれて初めてです」

などの声を頂き、ほかにも「ウエストが10㎝以上細くなってパンツがぶかぶかになった」「二の腕や背中から脂肪が落ちて華奢になった」などの声も頂きました。

このような報告を耳にするたびに、私は心の底から喜びが湧いてきます。それは私自身「やせなさい」と言われて我慢を強いられ運動をすることも、誰かに「やせましょう」と言って我慢を強いることも、無理だからです。

いまでこそ東京と名古屋でジムを経営し、ありがたいことに30万人以上もの方々がYouTubeやInstagramに登録してくださるトレーナーになりましたが、もともと私は運動が苦手。走るのはめちゃめちゃ遅いし、身体能力だってかなり微妙です。何をするのも不器用で、体を動かすことで長く続いたのはバレエだけ。それも、音楽に合わせて体で表現するのが好きだったからで、先生には怒られてばかりでした。だから運動が苦手で、できればやりたくないし続けることもできない、とおっしゃる方の気持ちは痛いほどわかります。

しかも私はいまだに食欲が旺盛で、恥ずかしながら、ごほうび代わりのおいしいケーキや脂たっぷりのラーメンも我慢できません。一度「食べたい」と思ったら抑えられないのです。こんなにも意志の弱い私ですから、「やせなさい」と言われても頑張れないですし、トレーナーとして指導するときだけ、しれっと「頑張ってやせましょう！」なんて言うのも無理があります。

そもそもダイエットがうまくいかない最大の原因は、私は我慢にあるのではないかと思っています。人間は、とても弱い生き物です。我慢を重ねて運動や食事制限に励みダイエットに成功するのは、ほんのひと握りの強靭なメンタルの持ち主だけではないでしょうか。誰かに厳しく管理されるダイエットで成功する人もいますが、指導についていけなくなったり契約期間が終わったりしたらリバウンドしがちです。

こんな思いを抱きながら、パーソナルトレーナーとしてのべ数千人を指導し、トレーニングやピラティス、解剖学など体についてのあらゆる学びを続けて、ようやくたどり着いたのが、運動も食べることの我慢もせずに勝手にやせていく方法、やせる背骨しぼりでした。

やせる背骨しぼりに私がたどり着けたのは、バレエをしていたときの、ある経験があったからです。当時、私はどうしても越えられない壁にぶち当たっていました。どんなに頑張ってもあと一歩も二歩も及ばず、年下の子にもどんどん抜かれていき精神的にも追い詰められていく一方に。

それが体のしくみや動かし方を学んで、お腹の深部にある筋肉を活性化させたり股関節の柔軟性を高めていったりした結果、それまでの苦労がウソのようにあっさりと世界的なコンクールで入賞できたのです。持って生まれた素質や身体能力からするとたどり着けるはずのないレベルに、体の使い方を少し変えただけで到達できて人生が変わった。これは大きな発見でした。

本格的に体のことを学ぶ前の私と同じように、多くの人は関節の可動域が狭まって体の深部にある筋肉が衰えた状態です。その筋肉は脂肪燃焼が大得意でもあるので、復活させれば溜まった脂肪がどんどん燃焼されていきます。だから気になっていた部位は自然に引き締まるし、姿勢がよくなったり体の痛みやこりがなくなったりして、疲れにくくもなるのです。

やせる背骨しぼりですべきことは、背骨を1分間しぼりあげ続けるポーズをいくつか取るだけ。それ以外は我慢も無理もしないので、食事制限やキツい運動をするダイエットに比べ圧倒的にリバウンドしにくいというメリットもあります。

短期で我慢を重ねて頑張るダイエットで疲弊しリバウンドを繰り返すのは、つらいですよね。やせる背骨しぼりで、体の奥で眠らせていた脂肪燃焼が得意な筋肉を活性化させて、今度こそラクに、自然にやせてみませんか。

Contents

chapter 2

背骨を「しぼる」だけでやせる秘密

chapter 3

やってみよう! やせる背骨しぼり

「やせない問題」に終止符を

体を整形 ボディメイクエクササイズ……091

Staff
●装丁　小口翔平＋畑中茜（tobufune）
●本文デザイン　花平和子（久米事務所）
●写真撮影　金田邦男
●モデル　横川莉那（Space Craft）
●ヘアメイク　梅沢優子
●執筆協力　土橋彩梨紗
● DTP　髙本和希（天龍社）
●校正　株式会社ぷれす
編集　小元慎吾（サンマーク出版）

●やせる背骨しぼりを実践する方へ●
骨や関節の変形、あるいは関節や腱、筋肉を痛めている場合は、治療を終え医師に確認を取ってから、痛みのない範囲で行ってください。脊柱の疾患がある方、妊娠中の方は医師の許可を得て行いましょう。
やせる背骨しぼりの動作を正しく行うと、体が熱くなったり筋肉痛が起きたりすることがありますが、それでケガをすることはありません。安心して、しっかり背骨をしぼりあげてください。万が一、強い痛みが走ったりしびれたりしたら、正しい動作ができていないおそれがあります。すぐに中断して様子をみましょう。それで問題なければ、ゆっくり軽くしぼるところから再開してください

chapter

1

加齢とともに無慈悲に脂肪がつく理由

Why our bodies ruthlessly
put on fat

やせなくなった体のある共通点とは

「頑張ってダイエットしてもやせなくなった」

「若いころとは確実に何か違う」

おそらく誰しも一度は、こう感じたことがあるかと思います。では、なぜ私たちの体は、まったく望んでいないのに太りやすくやせにくくなるのでしょうか。

医学的にはさまざまな見解があると思いますが、実際に私が指導してきたのべ数千人の女性に驚くほど共通していたのは、体幹（胴体）の動きの悪さでした。

体幹は本来、大きくねじったり曲げ伸ばししたりできる部位です。しかし、そうした動きがないと知らぬ間に固まっていきます。すると肩関節や股関節まで動きが悪くなって姿勢も崩れていき、こりや痛みなどの不調も生じがちに。

こうして体を動かすことが億劫（おっくう）になると、体幹を支える筋肉がやせ細っていくため消費エネルギーは少しずつ減り、脂肪が蓄積され続ける体になるのです。

背骨の可動域がやせ体質をつくる

実際、私のジムの生徒さんで「思うようにやせられない」とお悩みだった方は全員、体をひねる動きが特に苦手でした。これは体幹をねじったり曲げ伸ばししたりしない生活により、多くの筋肉が働かなくなり、背骨をひねる際の可動域が狭まったからです。しかも背骨の可動域は、一度狭まるとなかなか取り戻すことはできません。では、なぜ狭まったままになるのでしょうか。

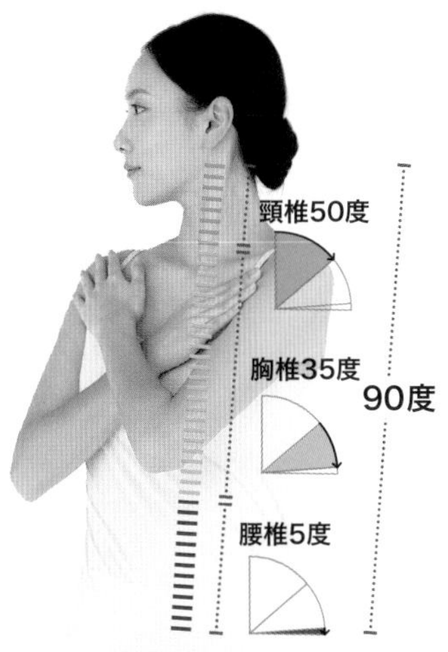

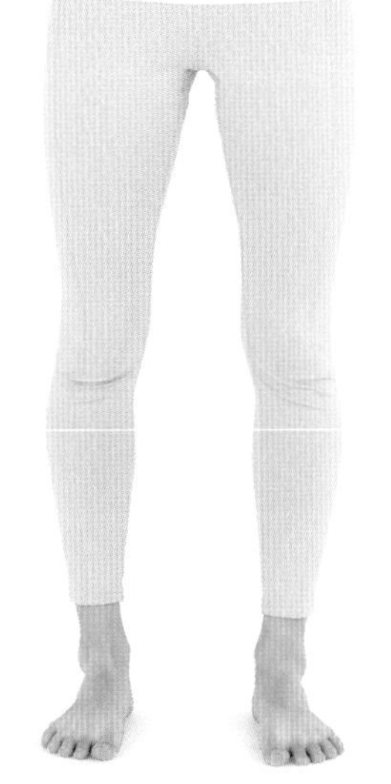

背骨はもともとよく動く

脊柱（せきちゅう）は、おじぎをしたり反らせたり（前後）左右に傾けたり（左右）でき、ねじる動作もできる。その角度は頸椎50度、胸椎35度、腰椎5度ほどと言われるが、やせにくい人は特に胸椎の可動域が狭まっている

Why our bodies ruthlessly
put on fat

やせない体をつくる習慣❶

伸ばさない

「戸棚の上段から物を取るときのように、全身を伸ばすことはありますか」

こう伺うと、ほとんどの方は「年に数回あるかどうか」とお答えになります。みなさん体をしっかり伸ばす動作が日常生活にほぼないようで、体を限界までねじる動作に至っては皆無という方も。胴体の部分に大きな動きがないと、体幹の筋肉は働く機会が失われて、どんどん固まっていきます。

さらに加齢や水分摂取不足などにより、筋肉が乾いたふきんのようになっていたら、ますます体幹はガチガチに。しかも、筋肉を覆う筋膜も硬くなったりよれて固まったりするため、一般的なストレッチをした程度では体の動きにくさを解消できないですし、背骨の可動域は戻りません。

筋肉がうまく働かなければ消費エネルギー量は低下しますし、細胞のなかで脂肪を分解する役割を担うミトコンドリアもうまく働かないため、体は脂肪を溜め込みやすい状態に。じつは、このような日常生活の積み重ねが、少しずつ体をやせない状態へと導いていたのです。

スマホ時間が長いとやせ体質は遠ざかる?

体幹の動きにくさに追い打ちをかけるのが、仕事でもプライベートでも長くなる一方となったパソコンやスマートフォンの画面を見つめる時間です。前かがみになったり、あごを前に出したりして画面をのぞき込む時間が長く続くと、背骨まわりには負担がかかりっぱなしになり首を痛める人も。これでは体幹をひねったり伸ばしたりするどころか、体幹をいびつな形に固め、背骨の可動域を狭める一方です。

伸ばさない × 水分不足で体幹はガチガチに

筋肉は70 ～ 80％が水分でできており、筋膜も85％の水分のほか、コラーゲン繊維とゴムのように弾力のある弾性繊維でかたちづくられているため、伸ばしたり水分を定期的に摂取する習慣のない人ほど体幹が固まりやすい。その多くは崩れた姿勢で固まる

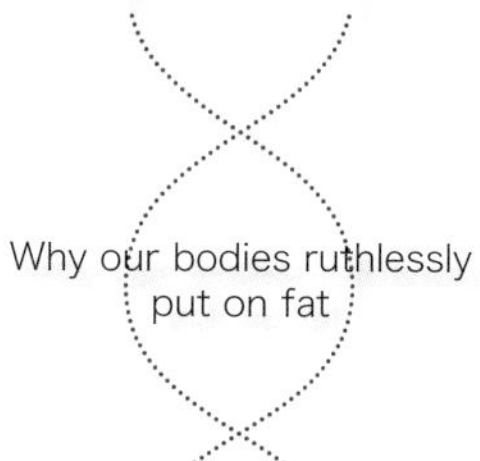
Why our bodies ruthlessly
put on fat

やせない体をつくる習慣 ❷
温めない

ほかに、多くの方から寄せられるのが、体の冷えによって起こる便秘や肩こり、手足の冷えなどのお悩みです。

筋肉も、筋肉を覆う筋膜にも、温めることでやわらかくなる性質があります。しかし体が冷えて芯から温まるような機会もないと、やわらかくなるタイミングを失った体幹の筋肉は固まった状態に。すると、腕や脚の関節の動きまで自由度が下がるため、体は動きにくくなる一方になります。こうして消費エネルギーは減り続け、脂肪を燃焼しにくい体になるのです。

体温が低いと、体内での代謝も免疫力も低下し不調を抱えがちになります。私自身も不調や不妊で苦しんでいたときに医師に言われたのが「まず冷えを解消しましょう」でした。

筋肉の7割が集中する下半身をどう使う？

この状態からリカバーするには、温かい飲み物を積極的に摂るなどして、まず内臓を冷やさないことが有効です。臓器の冷えは不調に直結します。通勤や買い物などでこまめに早歩きをして下半身の筋肉を適度に刺激するのも、ひとつの手。全身の筋肉の7割が集中する下半身を活発に動かせば、体の芯から温まります。

と、正攻法を申し上げましたが、なかなかできないですよね。そういう方にぴったりなのが、体を伸ばして芯から温める「やせる背骨しぼり」です。

体が冷える人は要注意

冷えを感じる人の多くは体が温まる機会が少ないため、筋肉や筋膜が固まって動きにくくなりやすい。この状態が続くと姿勢も悪くなっていく

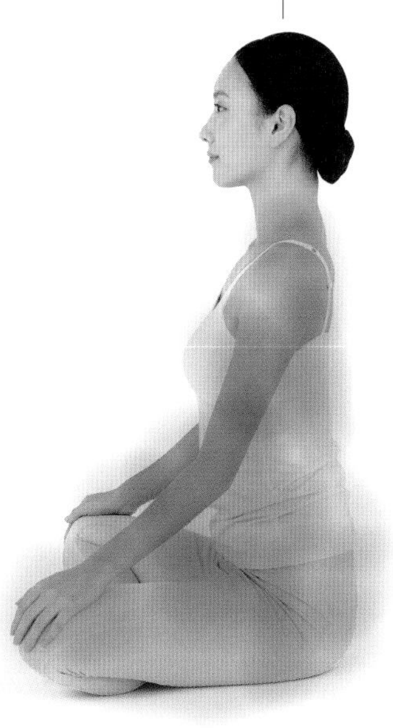

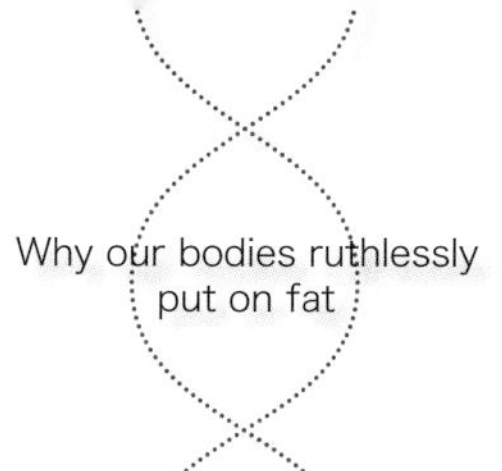
Why our bodies ruthlessly
put on fat

「なぜか不調まみれになる」の意外すぎる正体とは？

背骨まわりにある筋肉や筋膜が固まると、伸縮性のない生地のタイトなシャツを着たときのように体は動きにくくなります。すると体のどこかに余計な負担がかかって一部の筋肉だけが酷使され、痛みや不調を抱えやすい状態に。やがて肩や腰などに、こりや痛みが生じるようになります。

さらに、背骨まわりの筋肉や筋膜がうまく伸び縮みしなくなると、そのぶんだけ筋肉が担っている血液のポンプ作用が低下し、血液やリンパの流れも滞りがちに。これが、体が冷えたりむくんだりといった不調につながります。血流が悪いと体に溜まった疲労物質や発痛物質、老廃物なども排出されにくくなり、こりや痛みが消えないどころか悪化するという悪循環に。これが〝歳を取ると不調まみれに〟の正体です。

私のジムのお客さまでも「やせる背骨しぼり」を始める前は日常生活に支障をきたすほど重度の肩こりや腰痛に悩まされていた、という方は少なくありません。

背骨は婦人科系の不調にも影響する？

この血行不良が生理痛や生理不順などの婦人科系の不調につながることも本当によくあり、私自身もＰＭＳには長年悩まされていました。

じつは、これらの不調はすべて「やせる背骨しぼり」で緩和できます。背骨の動きが回復すると姿勢が整い、過度な負荷がかからなくなるからです。こりや痛みも解消され、筋肉のポンプ作用も復活して血液やリンパの流れも良好に。冷えやむくみも消え、疲労物質も血液とともに押し流されるため疲れを感じにくくなります。これが婦人科系の不調の解消にもつながっていくのです。

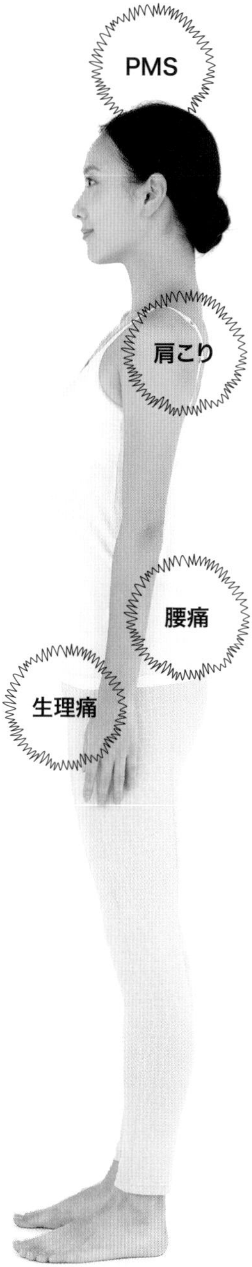

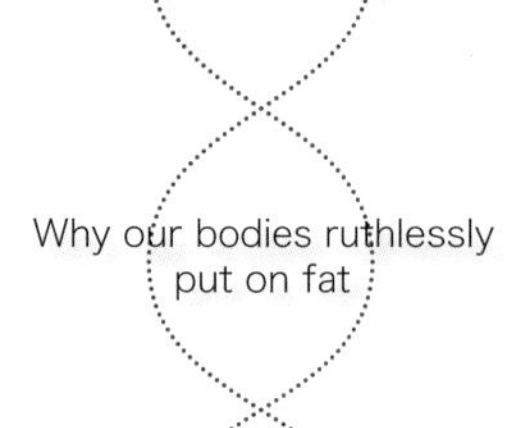
Why our bodies ruthlessly
put on fat

「何もかも嫌になる」もじつは背骨と関係が深い

背骨は神経の通り道なので、背骨まわりの筋肉や筋膜がこり固まっていると自律神経にも余計な負荷がかかります。特に胸からお腹にある背骨（胸椎）の動きが悪くなると、隣接する肋骨や筋肉、筋膜まで固まって浅い呼吸しかできない状態に。すると、つねに交感神経が優位になってリラックスできず、自律神経全体の働きも低下します。さらに血管が収縮して血行不良を起こすことも。つまり、背骨まわりの動きが悪いと血行不良から頭痛や肩こり、冷えやしびれまで生じるほか、不眠、めまい、動悸など多種多様な不調につながるということです。

自律神経の乱れから不眠になる方も多いのですが、じつは睡眠はダイエットにおいても非常に重要な役割を担っています。まず交感神経ばかりが活発に働く、いわゆる過緊張の状態が続くと、眠りが浅くなって睡眠の質が下がります。この睡眠不足や不眠が、ホルモンバランスを崩す要因に。たとえば脂肪がつきやすくなるホルモンのコルチゾールが分泌され続けたり、食欲をコントロールするレプチンの効きが悪くなったりして、暴飲暴食しやすくなるのです。

背骨はリバウンドのしやすさにも影響する？

自律神経の乱れが、不安やイライラ、気分の落ち込み、やる気や集中力の低下などの精神的な不調を引き起こすことは多々あります。「何もかもイヤになってリバウンド」というのは、じつはこうしたメンタルの不調から来ることが多いもの。これらすべてに効いたのが「やせる背骨しぼり」でした。

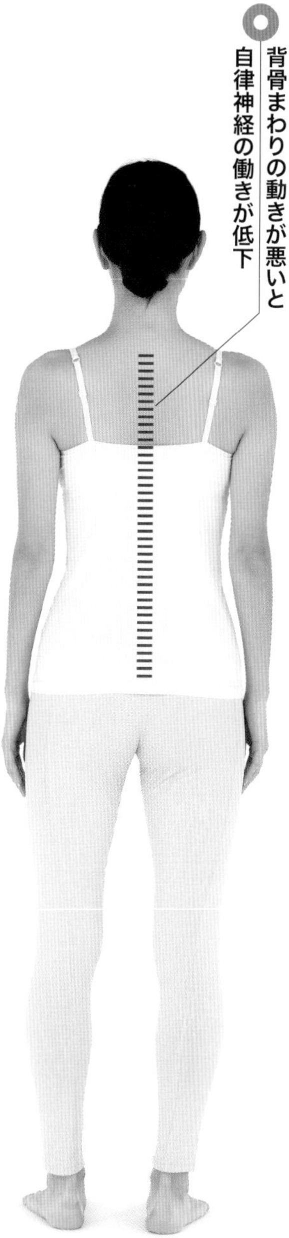

背骨まわりの動きが悪いと自律神経の働きが低下

頭痛、肩こり、呼吸が浅くなる、手足の冷え・しびれ、不眠、めまい、動悸などの症状も出やすくなる

COLUMN

「一生体が硬い」と信じる人に伝えたい週300秒の力

海外の研究に“静的ストレッチは1回の時間よりも1週間の総時間のほうが重要”というデータがあります。“1週間のストレッチ時間が300秒未満、300～600秒未満、600秒以上の3つのケースを比べたところ、300～600秒未満と600秒以上は関節の可動域が大幅に改善した”そう。つまり1週間に300秒以上静的ストレッチを行うと、どんなに硬い体でもやわらかくなるということです。

また、頻度も重要です。1週間に360秒のストレッチをすると決め、週に1回360秒行った場合と120秒を3回行った場合を比較すると、後者のほうが関節の可動域は広がりました。

静的ストレッチは、週に300秒以上、それも一度に行うのではなく、数回に分けて継続するほうがはるかに効果的なのです。一部位につき1日40秒以上を目安に行うといいでしょう。

体の硬さにお悩みの方は、1週間に300秒以上ストレッチをし、なるべく毎日継続するのがおすすめです。「やせる背骨しぼり」は、このような知見を取り入れたメソッドでもあります。

chapter

2

背骨を「しぼる」だけでやせる秘密

The secret to losing weight just by twisting

やせる背骨しぼりに隠されたすごい力とは

やせる背骨しぼりは、背骨をしぼりあげた姿勢を1分間キープすることで、ほぼ動かずに体を、脂肪溜め込みモードからやせモードへと変えます。では、どうしてキツい運動も食事制限もせずに、そんなことができるのでしょうか。

その秘密は、体のなかに隠された「スパイラル・ライン」にあります。

スパイラル・ラインとは、体をかたちづくる筋膜のつながりのひとつで、後頭部から足の裏まで、多種多様な部位の筋膜が含まれてできているものです。ここの動きが悪くなると、スパイラル・ラインに含まれていない筋肉や筋膜にまで悪影響が及びます。

また、スパイラル・ラインは背中とお腹の広範囲を覆っているため、体幹の筋肉ほぼすべてに関係するものです。だからスパイラル・ラインの動きさえよくなれば、体幹の深部でうまく働いていない脂肪燃焼の得意な筋肉もめざめさせられるのです。

もちろん、固まった筋肉や筋膜を一つひとつ伸ばしたりほぐしたりすることも可能ですが、かなりの時間と手間を要します。さらに、筋肉をつなぐ筋膜を的確に伸ばすには、専門的な知識や手法が必要です。

体幹の動きにくい部位まで一気に伸ばせる

こうしためんどうなことを考えずに、体の奥で眠っている筋肉や筋膜をまとめて芋(いも)づる式に短時間で伸ばしてほぐす最善の手段が、やせる背骨しぼりでした。

これは私が人生の大半を費やして学んできたバレエやピラティス、トレーニングにおける解剖学など体にまつわるすべてを踏まえ、生徒さんたちの声を聞き続けるなかたどり着いた結論です。

次のページから、その秘密を紹介していきましょう。

The secret to losing weight just by twisting

体が変わる秘密① 固まった筋膜まで伸びる

やせる背骨しぼり最大のポイントは、背骨を1分間しぼりあげ続けることにあります。これをする理由は、可動域が狭まった背骨のまわりにある筋肉がうまく働かなくなっており、筋膜も固まった状態だからです。そのまま運動をしたとしても、動きにくい状態から脱せません。ですが「背骨をしぼりあげ続ける」と、うまく働かなくなっていた筋肉も動かざるを得なくなりますし、それを「1分ほどキープ」することで硬くなっていた筋膜もじわじわ伸びていきます。

また、スパイラル・ラインはお腹のあたりで交差するので、背骨をしぼる動きをすれば必然的に、多くの筋肉が活性化され筋膜も伸びやすい状態に。

この動きの効果は体にどんどん積み重なっていくため、たとえ毎日やらなくても柔軟性は上がっていき、体は動きやすくなります。

固まった筋膜がほぐれると脂肪燃焼力は向上

筋膜がほぐれると、背骨まわりにある多裂筋（たれつきん）、脊柱起立筋（せきちゅうきりつきん）、腹斜筋（ふくしゃきん）などの筋肉が伸び縮みしやすい状態に。これらの筋肉が活性化すると、ほかの多くの筋肉もスムーズに動くようになるため、脂肪燃焼力の高い体になります。

スパイラル・ラインとは

後頭部から背骨まわりを通り、太もも裏側からふくらはぎ、足の裏を通る筋膜のつながりと、胸椎あたりからお腹をクロスして太もも外側を通り、すね、足の裏を通る筋膜のつながり。このラインに隣接していない筋肉や筋膜にも強く影響する

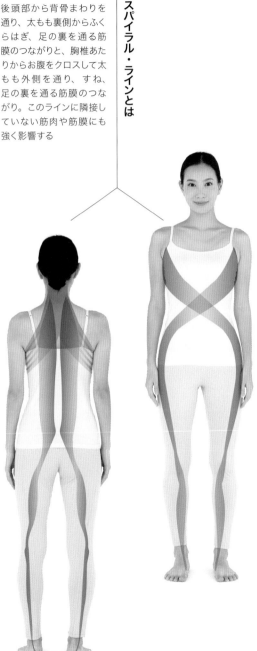

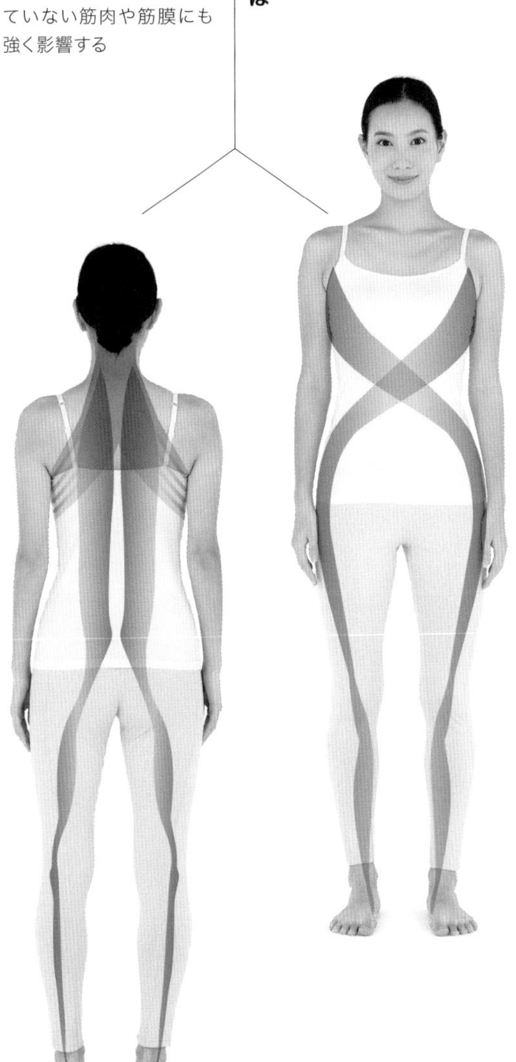

The secret to losing weight just by twisting

体が変わる秘密②
眠っていた深層筋がめざめる

やせる背骨しぼりの優れた点のひとつが、体の深部にある深層筋を活性化できることです。

深層筋は姿勢の維持などに使われることが多く、単純に関節を曲げ伸ばしするだけでは働きにくいという特徴があります。ところが背骨をしぼる動きをすると、それだけで背骨や関節のまわりについている深層筋が活性化し、きちんと働くようになるのです。

やせる背骨しぼりでよく動くようになる背骨は、おもに胸椎ですが、その際に内腹斜筋(ないふくしゃきん)、多裂筋、脊柱起立筋、骨盤底筋群(こつばんていきんぐん)などの深層筋が活性化し、きちんと働くようになります。

深層筋は一度鍛えると衰えにくいため、多少やせる背骨しぼりをサボったとしても脂肪燃焼効果は続くという、うれしい特徴があります。

眠っていたお宝「やせ筋」の持つすごい力

また深層筋には、脂肪をエネルギー源として動く赤筋繊維が多く含まれています。つまり体幹が固まることでうまく働けていなかった深層筋は、脂肪をガンガン燃やしてくれる「やせ筋」でもあるということ。この体の奥で眠っていた深層筋がめざめて働き出すから、自然に脂肪が減っていくというわけです。

体幹の深層筋

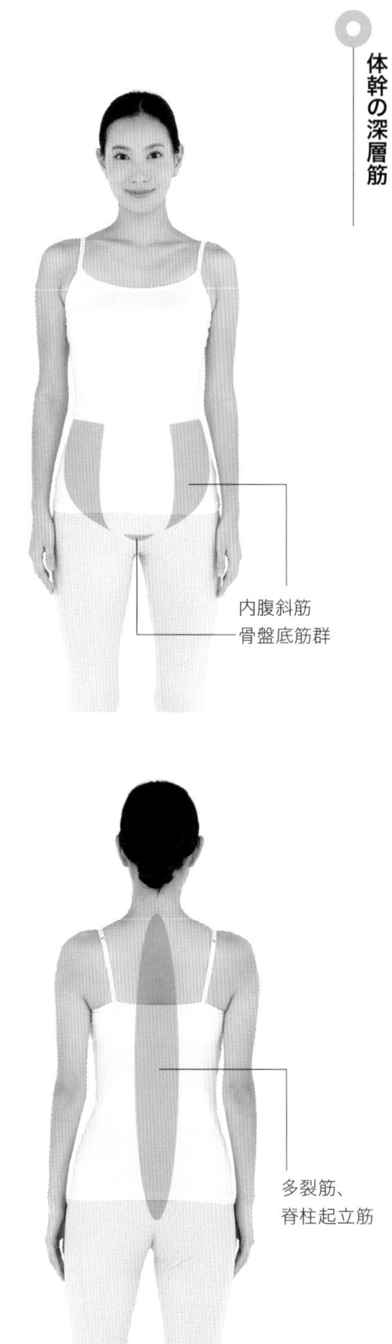

The secret to losing weight just by twisting

体が変わる秘密③

体の芯から熱くなる

やせる背骨しぼりで行う、体をギュッとしぼる動きを1分間続けるだけで「体が熱くなった」とおっしゃる方は、本当に大勢いらっしゃいました。「体をしっかりねじっただけで汗だくに」という感想まで頂いたほどです。

体が熱くなる理由は、1分間力を発揮し続ける点にあります。

たとえば筋トレなら強い力を発揮するのは重りを上げ下げする数秒、ランニングなら足で踏み出す一瞬に強い力を発揮し、あとはわりとラクな状態です。しかし、やせる背骨しぼりは筋肉が力を発揮し続けるため、負荷が意外と高くなっています。しかも眠っていた筋肉がめざめ、さらに多くの筋肉が活発に働いた結果、大量の熱が発生して体が熱くなります。体温が1℃上がると代謝は12～13％上がるため、やせ効果はさらに高まるというわけです。

日常生活での消費エネルギー量が爆上がり

全身の筋肉が動きやすくなれば、日常生活での消費エネルギー量は跳ね上がります。

ほかにも基礎体温が上がったり姿勢が整ったりするため、多くの筋肉が柔軟に動くことはいいことずくめ。

やせる背骨しぼりなら、過酷な有酸素運動や筋トレなどをすることなく、太りにくくやせやすい体に変われます。

背中をメインに体が温まる

背中が熱くなるのは、脂肪燃焼力に優れた褐色脂肪細胞が脂肪を燃やしているシグナルでもある

The secret to losing weight just by twisting

体が変わる秘密 4
開き肋骨がリセットされる

じつは意外と多く頂くのが「私、肋骨がゴツいのが嫌なんです」というお悩みです。これも、じつは背骨まわりの可動域を取り戻せば解消できます。

まず、肋骨の形は姿勢による影響を強く受けるものです。

たとえば反り腰の方は、背中の筋肉が硬くなることで肋骨が引っ張られるようになって、開いた状態で固まります。あるいはねこ背でお腹の筋肉が弱って肋骨を閉じる筋力が弱まり、肋骨が開くことも。つまり体幹の筋肉が固まったり弱ったりすると、肋骨が動きにくくなって横に開いてしまうのです。

ほかにもストレスなどで呼吸が浅くなり、息を吸ったときの開いた形で肋骨が固まるケースも。やせる背骨しぼりをすると、姿勢が整い、固まった胸椎がよく動くようになって正常な位置に戻るため、肋骨の開きも解消できます。

肋骨に動きを取り戻して、やせ体質に

やせる背骨しぼりを続けると、肋骨の開きが解消されて呼吸も深くできるようになり、脂肪を分解するミトコンドリアをたっぷり含んだ深層筋がどんどん働き出すため、自然にやせていく体に。実践してくださった方はだいたい2週間で、お腹や下腹部、背中などの上半身からうれしい変化を確認されていました。

正常な肋骨

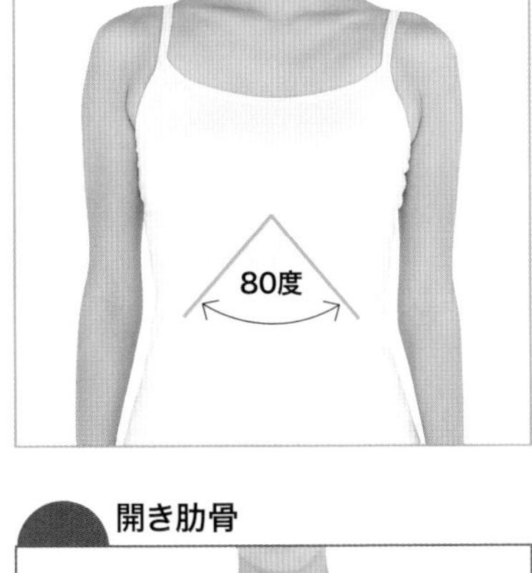

開き肋骨

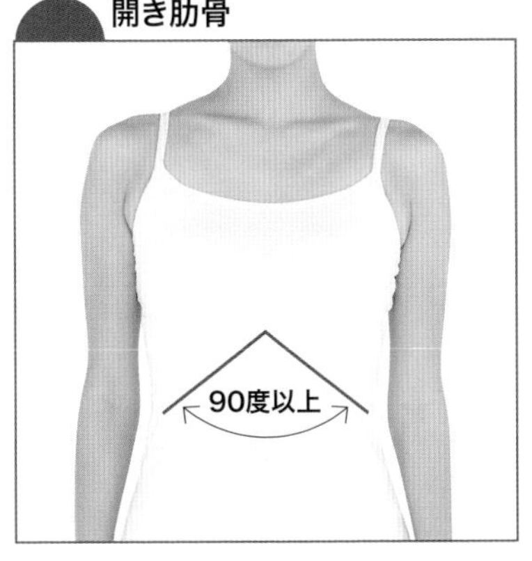

肋骨を正面から見たときの正常な角度は80度程度で、90度以上あると肋骨が浮いて見える開き肋骨。原因は背骨の動きの低下や呼吸などにあるが、胸椎の動きを取り戻せば解消されていく

The secret to losing weight just by twisting

体が変わる秘密 5
股関節が動きやせ力がアップ

股関節は、体を大きく動かすうえで重要な関節です。さまざまな方向に動く関節なので、前後や側面にも筋肉がついているという特徴があります。

そして股関節は、姿勢の悪化を招く骨盤の前後の傾きにも深く関係する関節です。まず、普段から脚の付け根が縮んで「く」の字になっている方は、骨盤が前に傾きがちで、反り腰になったり、お尻が垂れたり平らになったりします。

逆に股関節が伸びきっている方は、骨盤が後ろに傾いた状態になりがちです。そうすると背骨と股関節を結ぶ、脂肪燃焼が大得意な大腰筋が動きにくくなります。このタイプの方は、お尻が四角くなりがちです。

どちらも背すじが伸びたきれいな姿勢を取るのが難しく、下腹部の筋肉はゆるんで使えなくなるため、下腹がポッコリと出てしまうのです。

背骨の可動域を取り戻すと股関節も動くように

背骨の動きがよくなると股関節も大きく動くようになり、その大きな動きの繰り返しで、股関節の動きがさらによくなります。また、全身の筋肉の7割は下半身にあるので、股関節がよく動くことは消費エネルギー量アップに直結するとお考えください。この股関節が動くときの姿勢を維持する際に使われるのは、これまで申し上げてきた脂肪燃焼効果の高い深層筋です。無意識に深層筋が使われるようになることは、勝手にやせる体づくりに大いに役立ちます。

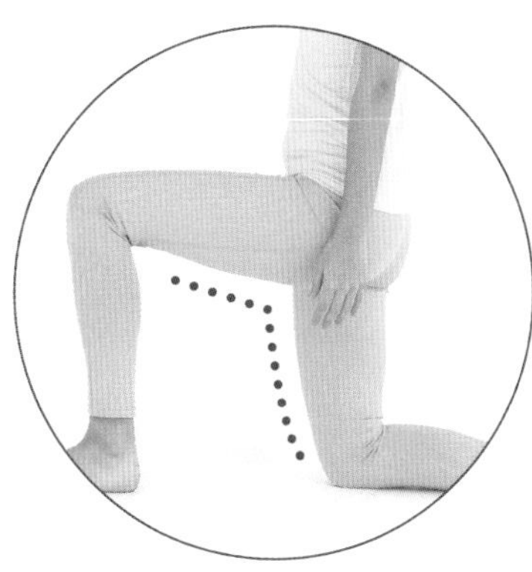

股関節の動きやすさと消費エネルギー量の関係

同じように動いているつもりでも、股関節の動きがいいと、使われる筋肉が増えて脂肪燃焼効果の高い深層筋が動員されるため、やせやすくなる

The secret to losing weight just by twisting

体を上手にダマすからリバウンドしない

たくさん我慢をし頑張ってダイエットしたのに、すぐ体重が戻る。

これを繰り返していたら代謝が下がってやせにくくなりますし、無力感が押し寄せて再挑戦する気持ちも遠のきますよね。このリバウンドを防ぐために、やせる背骨しぼりには体を上手にダマすしくみを取り入れました。

リバウンドが起きる最大の原因は、結果を急いで無理をすることではないでしょうか。まず、1週間や2週間で3～5kgも体重を減らすと、体は急激な変化に命の危機を感じて全力で体重を戻そうとします。だからダイエット前と同じものを同じように食べていてもお腹が空くし、残念ながら体はエネルギー不足に備え脂肪を溜め込もうとする力が強くなるのです。

気持ち的にも「こんなに我慢したんだからごほうび」と、よく食べるようになりがちなので、この体のしくみと争うことは相当な困難を伴います。

我慢を重ねるとリバウンド率が急上昇

短期間で大きく体重を落としたり、食べたい気持ちを必死になって我慢したりすることはリバウンドに直結すると思ってください。

やせる背骨しぼりでは激しい運動も食事制限もしません。脂肪燃焼が得意な筋肉をめざめさせるだけなので、いつの間にかじわじわ脂肪が減っていきます。このくらいの変化なら大丈夫、と体をダマすわけです。しかも極端な我慢をしないことで精神的ストレスも溜まらないため、リバウンドはますます遠ざかります。

1か月でこれくらい
体重を落とすと
リバウンドしやすい

体重	1か月の減量
体重45kgの場合	2.25kg
体重50kgの場合	2.5kg
体重55kgの場合	2.75kg
体重60kgの場合	3.0kg
体重65kgの場合	3.25kg
体重70kgの場合	3.5kg
体重75kgの場合	3.75kg
体重80kgの場合	4kg

人間の体にはホメオスタシスという、恒常性とも呼ばれる機能がある。1か月で体重の5％落とすとリバウンドのリスクが一気に高まる

The secret to losing weight
just by twisting

やせにくさを痛感する中高年の体にも効果大

加齢とともに筋肉量が減ると、生きているだけで消費されるエネルギー、基礎代謝は下がる一方に――。こうして、やせにくく太りやすくなっていることを日々痛感するのが、中高年世代です。

ここまで読み進めてくださった方はおわかりと思いますが、中高年の体こそ偏った姿勢や動作を積み重ねがちで活動量も減りやすいため、全身の筋肉と筋膜が硬くなり深層筋も働かなくなっています。しかもダイエットに成功しなかった経験を重ねたことで、挑戦するモチベーションも上がりにくい。

このような世代にこそ有効なのが、やせる背骨しぼりです。やせる背骨しぼりで活性化させる深層筋は、一度使えるようにすれば簡単に衰えることはなく、脂肪を効率よく燃やす脂肪燃焼炉として働き続けてくれるからです。

日常生活を送っているだけで、姿勢を維持したり体のバランスを保ったりするために働き続けてくれる深層筋の力をダイエットに利用しない手はありません。やせ効果は四六時中続きます。やせにくくなっている世代こそ、その効果を実感しやすいのが、やせる背骨しぼりです。

難しい二の腕やせにも成功する秘密

やせる背骨しぼりで活性化させる深層筋は脂質をおもなエネルギー源とすることもあり、落ちにくい皮下脂肪を落とすのに効果的という印象があります。さらに深層筋が働くぶん、おもに糖質をエネルギー源とする表層筋を休ませられるため「脂肪はたっぷりあるのに、体にたくさん蓄えられない糖質を使う筋肉が働きすぎたせいで、糖質切れになって空腹感に襲われる」という現象を抑えられ、過食を防げるのかもしれません。

実践してくださった方の多くが、二の腕や下腹といった脂肪が落ちにくい部位が細くなったとお喜びでした。

COLUMN

骨盤が後ろに傾く人は要注意

骨盤が後ろに傾く人は、骨盤が正しい位置にないぶん、隣にある股関節も動きにくい状態になります。そうすると股関節の可動域が狭くなり十分に屈曲できないため、お腹やお尻の筋肉が使えなくなり、下腹がポッコリと出たりお尻が出たりする由々しき事態を招くのです。

このようにボディラインが崩れることに加え、股関節の動きが悪くなると日常生活を送る際も消費エネルギー量が少なくなるため、やせにくく太りやすくなります。

しかも股関節の動きが悪いと、大きな血管やリンパ節が集まっている股関節周辺の血流も悪化。体中に酸素がうまく運ばれず、脂肪が燃焼されにくくなり、さらに脂肪は溜まりやすくなります。

骨盤が後ろに傾いた状態を放置していると、どんなダイエットをしても効果は落ちてしまいがちなので、心当たりのある方は122 ～ 123ページのエクササイズを取り入れてみてください。

chapter

3

やってみよう！
やせる背骨しぼり

Let's try a movement
that keeps twisting the spine

やせる背骨しぼり3つの魅力

大好きなバレエで生きていくという夢を追い続けた十数年、表現の豊かさを盛り込みつつミリ単位での正確な動作を要求される練習は、正直言ってかなり厳しかったですし、減量も本当につらくて……。この期間にバレエ以外のことをすべて我慢し続けてきた反動からか、バレリーナとしての現役を退いてからは、何かを強く我慢しようとすると体に力が入らなくなってしまいました。

それは指導をする立場になってからも続いています。ですから「自分が我慢できないのだから人に我慢を強要しない」と心に決め、結果を出すための無理強いはいっさいしていません。だからこそ、できるだけ我慢をせずに最大の効果を得られるよう考え抜いて、やせる背骨しぼりを考案しました。

その魅力を３つ紹介します。

魅力 1 座ったままできる

「ほぼ動かない」時点で、やせる背骨しぼりは運動が苦手な方にも取り組みやすいのですが、それでも頻繁(ひんぱん)に姿勢を変えるとしたらめんどうですよね。ですから基本的に座ったまま行えて、しかも高い効果を得られるように工夫しました。座っていたら姿勢も安定しますし、床にお尻や手をついて体の一部を固定してからしぼる動きをするので、誰でも動作しやすくなっています。

また、姿勢やバランスを保ち、脂肪を燃やしエネルギーに変える体幹の深層筋を自然に使えるのもうれしい点です。さらに全身の多種多様な筋肉を一気に伸ばせるぶん、ひとつの筋肉に負担がかからないため、ケガの心配もありません。

特に何かを準備する必要もないので、寝起きや就寝前でも、毎日のすきま時間にも気軽に取り入れられます。

魅力

❷ 食事は我慢しなくていい

食べたい気持ちを抑え込み、ストレスが溜まりに溜まって爆発し、ドカ食い。やせるどころかダイエット前より太った——。もちろん私もそういうことがありましたが、同じような経験をした方は多いのではないでしょうか。

たった1回の食事制限でもストレスなのに、永遠に食べたい気持ちを我慢するなんて、とうてい無理。必ずどこかで決壊するので、最初から食べながらやせる方法を選択したほうが賢明です。

やせる背骨しぼりは、特に食べる物を制限することはありません。普段通り食べてOK。健康や美容のために、なるべく体にいい物を選んで食べる、くらいの意識さえあれば十分です。

実践してくださった方々からは「これまでのダイエットでいちばんラク」という声を多数頂いているので、食べるのが大好きという方にもおすすめです。

魅力 3 毎日やらなくてもOK

やせる背骨しぼりは、なるべく毎日行うことを推奨しています。しかし、これはあくまでも成果を早く出すためで、毎日必ず行う必要はありません。たとえ休み休みでも、やせ体質をつくるための背骨の可動域回復と深層筋を活性化させる効果は確実に蓄積されています。本当に疲れていて休みたいときや、やる気が出ないときは堂々と休んでOKです。そもそも意志が強くないと続かないようなダイエットは、心身に相当なストレスがかかるため失敗しやすいでしょう。

前述のようにストレスはやせにくい体をつくりダイエット成功を遠ざけるので、ズボラでも意志が弱くても続けられる方法でなければ、実際にやせるところまではなかなかたどり着けません。やりたくないときはしっかり休んで「今日は気分転換ができた。最近、疲れていたからケアできた」と前向きに捉えるようにしてください。

そういうやり方でも結果が出るようにしたのが、やせる背骨しぼりなんです。

やせる背骨しぼりは ここまでしぼりあげる

日常生活で激減している動作の代表格といえば「上半身をねじる」です。人体の構造的には骨盤を正面に向けたまま真横を向けるくらいまではねじれますが、これができなくなりがちに。この、できるはずの動きをしないことで、体の奥のやせ力が高い筋肉が眠ってしまうのです。そのぶん代謝が落ちて脂肪が溜まりやすくなっているので、まずはその状態をリセットしましょう。副次的にねこ背や巻き肩の解消効果も得られます。

まずは「しぼりあげ」を体感してみよう

背すじを伸ばす 腰を正面に固定

060ページ

やせる背骨しぼり ❶ 背中しぼり

この「しぼりあげ」感を で再現しよう

効かせるポイント ①

頭が天井から
引っ張られるようなイメージで
背すじを伸ばす

ギューッと
しぼりあげるほど
やせ筋が
めざめる

効かせるポイント ②

振り向いた側の
背中の筋肉がギュッと縮み、
反対側のわき腹が
伸びた感覚があるまで
ひねりきる

固定

胸が真横を向くほどしぼり続ける

効かせるポイント ③

限界の先まで
しぼりきるほうが
高い効果を得られる

背中しぼり

背中とお腹をほっそりさせる

Stand by

床に座り、
かかとを引き寄せて
あぐらをかく

1

右ひざを立てる

右ひざを立てて体の横に出し、
かかとをつく

脚は左右にしっかりと開こう。なるべく右脚は真横に出すようにし、あまり前に出ないように。腰が丸まる、ねこ背になると効果を得にくい

2 右ひざを押さえる

右ひざのあたりを右腕で押さえ、
左腕を前に伸ばす

NG 右脚が前に倒れると
効果が下がる

3 背骨をしぼりあげる

左腕をしっかり伸ばしたまま左側に開いていき、
背骨をしぼりあげるイメージで
上半身を限界までしぼりあげる

目線は伸ばした手の先に。
この動きを一定のリズムで
1分間繰り返す

POINT 体をしぼるときに息を吐き、
戻すときに息を吸う。
息を吐いたほうが体をしぼり
やすく深層筋にも力が入るた
め、姿勢も崩れにくい

5秒でしぼり
1秒で戻す
10回
（反対側も同様に）

POINT 体を最後までしぼりきれな
くなるので、なるべく左右
の肩の高さは同じにしよう

うまくいかない人は

あぐらがうまくかけない人は、ひざ立ちで右足を横に出し2〜3を行おう。イスがあるならイスに腰かけて行うとラク

Level up

腕をななめ上に上げると、
より多くの筋肉が伸ばされ
て効果アップ

やせる背骨しぼりは

ここまでしぼりあげる

背骨をしぼりあげる動作に体を慣らしたら、次は肩や腕まわりを伸ばす動きをつけて、さらに大きく体をしぼりあげられるようにします。しっかりしぼりあげるほど、体の深部で眠っていた「やせ筋」がめざめるので、大きな動きを意識しましょう。肩まわりの動きがよくなると、二の腕や背中の脂肪も落ちやすくなります。腰痛や肩こりの解消にも効果的です。

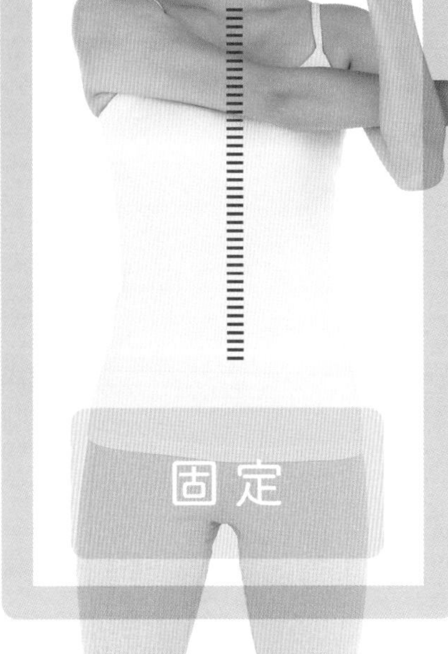

まずは
「しぼりあげ」を
体感してみよう

背すじを伸ばす
腰を正面に固定

064ページ

やせる背骨しぼり ❷ 肩しぼり

この「しぼり伸ばし」感を で再現しよう

限界を超えていく
気持ちでギューッ
としぼりあげよう

効かせるポイント①
頭が天井から
引っ張られるようなイメージで
背すじを伸ばす

効かせるポイント②
振り向いた側の
背中の筋肉がギュッと縮み、
反対側のわき腹が伸びた感覚が
あるまでしぼりあげる

固定

効かせるポイント③
限界の先まで
しぼりきるほうが
高い効果を得られる

肩と腕を伸ばし
背骨をしぼり続ける

肩しぼり

肩と背中をほっそりさせる

床に座り、
かかとを引き寄せて
あぐらをかく

1 右足を後ろに出す

右ひざを曲げたまま、右の足先を後ろに出す。
骨盤の向きは正面をキープ

2 体をねじる

背すじを伸ばしたまま、
おへそを左に向ける意識で
胴体を左に軽くねじる。
目線は左ななめ前に

3 体を倒し左手をつく

そのままななめ前に
上半身を倒していき、
左手を遠くにつく

4 体をしぼって倒す

右腕を左わきの下から遠くに伸ばすことで、
肩から体をギューッとしぼっていく。呼吸は自然に行う

POINT 腕をねじる

手のひらが
上を向くように
腕をねじる

1分間キープ

（反対側も同様に）

NG 腕を前に伸ばす

腕を横でなく前に
伸ばすとお尻が浮
き、体をしぼりにく
くなる

やせる背骨しぼりは
ここまでしぼりあげる

上半身を大きくねじる動きができたら、次はお尻を中心に腰まわりも大きくしぼりあげられるようにします。日常生活ではあまり働いていない、お尻の深部で眠っていた「やせ筋」がめざめて活動し始めるよう、しっかり刺激しましょう。お尻の深部の筋肉が働くようになると、ゴツい太ももや四角いお尻が改善され、腰痛解消効果も得られます。

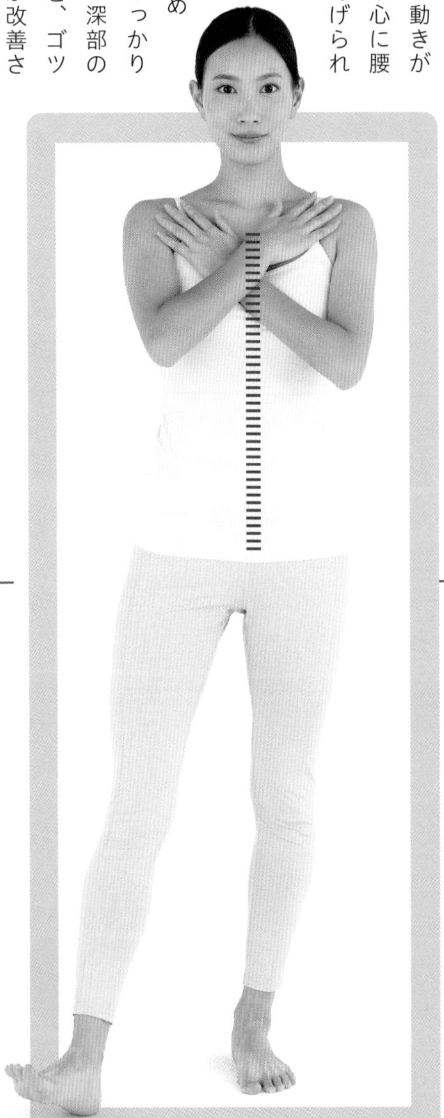

まずは
「しぼりあげ」を
体感してみよう

背すじを伸ばす
伸ばした脚をなな め前に

068ページ

やせる背骨しぼり ③ お尻しぼり

この「しぼり伸ばし」感をで再現しよう

お尻の深部が伸びるようにギューッとしぼりあげよう

お尻の深部にある筋肉の伸びを意識

お尻を後ろに引いていくと伸びを実感しやすい

太もも裏を伸ばし背骨をしぼり続ける

お尻しぼり

お尻と太ももをほっそりさせる

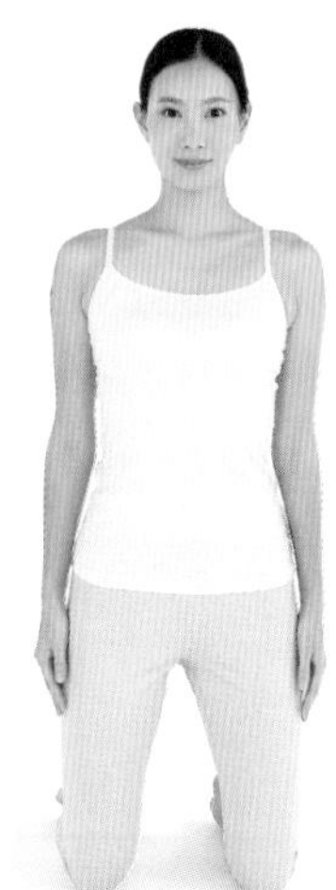

Stand by

ひざ立ちになる。
床が硬くて
ひざが痛む場合は
バスタオルなどを敷く

1

右足を前に出し 右へスライド

右足を前に出してつま先を上げ、
足をななめ 45 度くらいまで
外側に開く

うまくいかない人は

前に伸ばした脚のひざを曲げたり、手を壁についたりしよう

2 体をやや右に向ける

前に伸ばした右足の方向に
おへそを向ける

SIDE

3 お尻を後ろに

お尻を後ろに引いていき、前に伸ばした脚の外側に手をつく。
呼吸は自然に行う

1分間キープ

（反対側も同様に）

POINT お尻を突き出す

下腹と太ももを近づける意識で、お尻を後ろに突き出す

POINT 左腕をねじり伸ばす

左腕を内側にねじりながら前に伸ばし、後ろに目線を向けると、より伸び感が得られる

NG 背すじが丸まる

腰が丸くなりねこ背になると伸ばしたい部分が伸びない

やせる背骨しぼりは ここまでしぼりあげる

上半身と下半身の深部の筋肉をめざめさせたら、今度はその2つをつなぐお腹の深部にある筋肉を連動させましょう。この大腰筋は脚を大きく動かすときに活躍する筋肉なので、あまり動かせていない人が多いですが、脂肪燃焼効果の高い筋肉でもあります。上下からしっかり伸ばして活性化させましょう。反り腰の解消にも有効です。

まずは「しぼりあげ」を体感してみよう

背すじを伸ばす 右脚を後ろに引く

072ページ

やせる背骨しぼり ④ お腹しぼり

この「しぼり伸ばし」感を で再現しよう

背すじは伸ばし
骨盤はなるべく
正面に向ける

効かせるポイント
1

お腹の深部が
伸びるように
ギューッとしぼり
あげよう

上半身と下半身を
つなぐ筋肉を意識しよう

効かせるポイント
2

大腰筋を伸ばし 背骨をしぼり続ける

お腹しぼり

下腹をほっそりさせる

正座の姿勢から
両手を前につく

1 右足を後ろに引く

右脚を後ろに伸ばし、左脚を正座の状態に戻す

2 上半身を起こす

胸を張り、上半身をできるだけ起こす。
無理はしないように

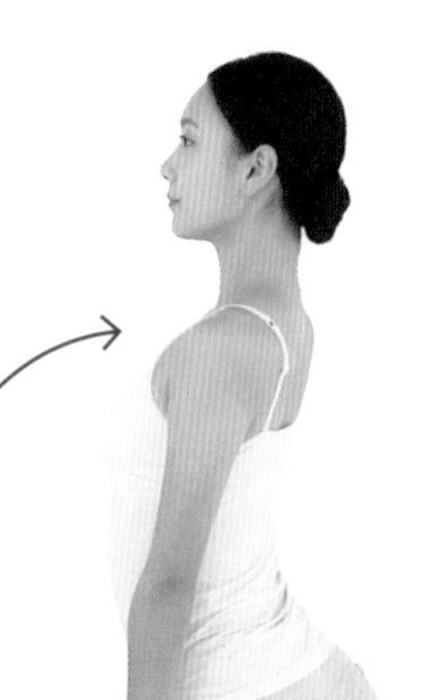

腰が痛む人は

左足を前に出し、ひざの角度を90度にしてから3と4を行う

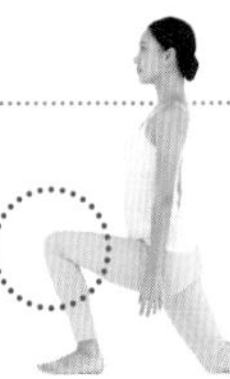

3 左手を上げる

左腕をななめ上に伸ばす。
手のひらは正面に向ける

4 体をしぼる

上半身を左にしぼりあげる。
呼吸は自然に行う

1分間キープ

（反対側も同様に）

POINT

左右の肩は
なるべく同じ
高さに保つ

NG 体が倒れる

床についている手のほうに体が傾くと狙っている大腰筋が伸びない

やせる背骨しぼりは

ここまでしぼりあげる

スパイラル・ラインを通じて背骨の動き、上半身と下半身の動きを段階的によくした仕上げとして、背骨を左右に倒す動きを加えて脂肪燃焼効果をさらに高めましょう。これで胸椎まわりの柔軟性がさらに上がり、日常生活でついた体の左右バランスの崩れをリセットする効果も得られます。

まずは「しぼりあげ」を体感してみよう

背すじを伸ばす

腰を正面にして上半身をしぼる

076ページ

やせる背骨しぼり 5

わき腹しぼり

この「しぼり伸ばし」感を で再現しよう

姿勢を崩さず
体をしぼりあげる

効かせるポイント 1

わき腹がしっかり
伸びている
感覚があれば
OK

効かせるポイント 2

前後に倒れないよう
体を真横に倒す

背骨をしぼりつつ
わき腹を伸ばす

わき腹しぼり

わき腹をほっそりさせる

Stand by

床に座り、
かかとを引き寄せて
あぐらをかく

1 右足を後ろに出す

右ひざを曲げたまま、
右の足先を後ろに出す。
骨盤の向きは正面をキープ。
できる人は左かかとを少し前に出す

2 体を軽く左にしぼる

背すじを伸ばしたまま、
おへそを左に向ける意識で
胴体を左にギュッとしぼる。
目線は左ななめ前に

3 右手を左ひざの外側に

右手を左ひざの外側につける。
できれば右手のひらは体の外に向ける。
左手を頭上に上げる

4 体を右に倒す

左手が頭の上を通るようにし、
左腕を遠くに引っ張りながら体を真横に倒す。
呼吸は自然に行う

FRONT

1分間キープ

（反対側も同様に）

体をしぼらず倒すとねこ背になり、左腕を伸ばす方向が変わる

うまくいかない人は

長座して、ひざが曲がってもいいので2から4をしっかりやろう

COLUMN

歩き方を変えるとやせ力が高まる！

私は普段キツい筋トレなどの運動をしないぶん、なるべく歩くようにしています。じつは歩き方をほんの少し変えると、ボディラインが整ったり、よりやせやすい体を手に入れられたりするので「ダイエットのために時間をつくれない」とお悩みの方にはやせやすい歩き方をおすすめしています。

まず、つま先をまっすぐ前に向け、足を大きく一歩前に踏み出し、かかとを地面に着きます。かかとからつま先へと体重を移動し、足先で地面を蹴って、お尻がギュッと縮まるまで、脚の裏側やひざをしっかり伸ばしましょう。そうすると股関節の可動域は広がり、お尻にある大臀筋もしっかり使えるようになります。

最近は特に歩幅が狭くなっている方が多く、本来15度まで伸展するはずの股関節が5度ほどしか使えていない人も多々。「歩いたときの消費エネルギー量が3分の1になっている」とまでは言いませんが、体の動きが制限されていたら、やせる力は確実に落ちます。まずは少しでも歩幅を広げるために、腕を大きく振って歩くのはいかがでしょう。

chapter

4

「やせない問題」に終止符を

食べたくなったら食欲が止まりません！

じつは私も一度食べたいと思ったら、大好きなこってり系ラーメンやケーキだって躊躇（ちゅうちょ）なく食べてしまうので、そのお悩み、よくわかります。そもそも私は意志が強くないので、食べたくなったら我慢しません。というかできません。

ただ、できる範囲の工夫だけはしています。たとえば消化の悪い脂っこい物を夜遅くに食べると、胃腸は睡眠中も働くことに。そうすると睡眠の質が落ちて、脂肪燃焼が妨げられます。そんなときに役立つのが、野菜や白身魚、豆腐中心の温かいスープです。満足感はあるし、睡眠の質にも響きにくいからです。

それでも食欲が止まらないときは、オートミールをたっぷり食べます。オートミールは味つけ自在の便利な食材です。しょっぱくしても甘くしてもおいしいので、ご飯代わりにもおやつ代わりにもなります。

「食べてもやせる」低脂質スープやオートミールを試して

オートミールに低脂肪乳とコンソメの素、チーズを少し入れて電子レンジで1分ほど温めればおいしいリゾットに。水とコンソメの素、トマトや玉ねぎ、ほうれん草、きのこ、バターを少し入れてもおいしくいただけます。

甘い物がほしいときは、オートミールにヨーグルトやレーズンなどを加えましょう。レーズンの甘みで十分甘くなるため、おやつ代わりにはもちろん、朝食にもできて便利です。レーズンを加えてひと晩置くと、さらにおいしくなりますよ。

オートミールは食物繊維が豊富に含まれており、血糖値が上がりにくいし腹持ちも抜群。私は二人前食べたりしますが、多少食べすぎても翌日にもたれることもありません。便秘解消にも効果的な、食べて後悔することのない食材です。我が家では味にクセのない日本製オートミールを大袋で買って常備しています。

運動は100％、一度も続かなかった

運動が続かない人と続く人は、じつは紙一重なんです。休まずに運動を続けられていそうな人も、サボっている日は全然あります。こう自信を持って言えるのは、無理に毎日続けて挫折した人、サボることを繰り返しながら目標を達成できた人を大勢見てきたからです。

続いている人は、ただ気持ちの切り替えが上手なだけ。だから完璧なんてめざさなくていいんです。

たとえば運動が1日できなかったら「もうだめだ」と思ってやめたことはありませんか。1日や2日できなかったとしても、本当にたいしたことではありません。そこで気持ちを切り替えて、また始めれば何の問題もないんです。

長い目で見れば、運動を休んだことで体を休められたり気分的に充実した時間を過ごせたりして「自分にやさしくできた」ということ。だから何度休んでもいいし、気持ちを切り替えればいいんです。時間がないときは1日5分だけでもOK。それを1か月も続ければ、体は内側から変化し続けるので自信を持てます。

そうして、生活にわずかずつでも取り入れれば、たとえ休んだ時期があったとしても体は必ず動いたことを記憶しています。何も取り組んでいない人には得られない成果が蓄積されているため、そこから再開すると圧倒的にやせやすいのです。

たとえ毎日続かなかったとしても、やったことは無駄にならず、必ず運動の経験は体に蓄積されています。休んだからといって、すべてがゼロになるわけではありません。やったらやっただけ体は確実に変わっていますよ。

毎日
続かなくても
大丈夫
体のなかには
運動の成果が
蓄積される

生理前はすべてが嫌になるんです

生理前にホルモンバランスの影響でイライラしたり暴飲暴食したり、やせにくくなったりして何もかも投げ出してしまいたくなる――。これは誰の身にも起こり得ることなんです。

私自身も生理前に食欲が爆発する月経前症候群（ＰＭＳ）に悩んできました。このようなホルモンバランス由来の不調は、生理前になってからでは対処が難しいもの。それに気づいてからは普段の生活を見直し、ホルモンバランスを整えるようにしています。

私がいろいろ試してみて特に効果を感じられたのは、白砂糖や白いパン、白米の食べすぎに気をつけることです。まずは白砂糖を極力控えるよう心がけました。外食時まで気にするとストレスが溜まるので例外とし、家での普段の料理にてん

白砂糖を
2週間控えると、
ホルモンバランスが整い
精神的にも
安定する

さい糖やきび砂糖、ラカントを使うようにしました。そして白いパンの代わりに全粒粉や胚芽を使ったパン、白米の代わりに玄米や雑穀米を、できる範囲で選ぶように。すると以前は重度の冷え症だったのが、自然に改善したのです。

私は数年前まで、フラペチーノや海外製のチョコレートなど、ものすごく甘い飲み物や食べ物を毎日飲み食いしていたくらい超甘党でした。ところが、こうやって白砂糖を控えると2週間を越えたころから、以前のような甘い物への強烈な欲求がウソのように消えました。生理前のイライラも、甘い物をたくさん食べ続けることもなくなったのです。

チョコレートもカカオ80%の物が好きになりました。白砂糖を控えることで味覚が正常になり、甘い物への強い欲求が消えてPMSや冷え症も解消。2週間もすれば体質や味覚に変化を感じられると思うので、ぜひ試してみてください。

リバウンドしなかった記憶がない

厳しい食事制限などの無理なダイエットをして数週間後、体重はもとに戻るどころかしっかり増えたという経験のある人も多いでしょう。

体には、体重や体脂肪率などの状態を一定に保とうとする機能（ホメオスタシス）があります。体に急激な変化が起き続けると命を危険にさらすことになるため、ブレーキをかけようとするからです。それゆえ急にやせると体は危機感を覚えて、強烈にもとの状態に戻そうとします。つまりリバウンドは自分に甘いから起きたのではなく、体が正常に働くことで起きた生理現象なのです。

また、過激なダイエットは体にストレスを与えてホルモンバランスを崩します。太りやすくなるホルモンのコルチゾールが多く分泌されたり、食欲を抑えるホルモンのレプチンが効きにくくなったりするのです。その結果、暴飲暴食しリバウ

最強のリバウンド防止法は 体にストレスを感じさせない小さなことの積み重ね

ンドするケースが後を絶ちません。ダイエットの成功にストレスは大敵。「ストレスなくできる小さなこと」を積み重ねるのが最高のリバウンド対策です。

そのひとつが水を飲む量を増やすこと。1日に水を500㎖すら摂っていない人は少なくありません。水を十分に摂らないと血流が滞り、代謝が悪くなったり、脂肪を燃焼しにくい体になったりします。また老廃物や疲労物質が体に溜まりやすくなるので、むくんで疲れやすくなることも。さらに筋肉の伸び縮みが悪くなり、同じ動作で消費されるエネルギーまで減ってしまうのです。

最初は500㎖のペットボトルの水を1日に2本、飲むことから始め、ゆくゆくは1日に1・2ℓ程度は飲めるようにしていきましょう。

忙しいし、もう何もしたくない……

仕事でもプライベートでも、自分がこなせる以上のことが降りかかってくると体に力が入らなくなるもの。そんなときはやせるコツをひとつだけ、試してみませんか。

たとえば、普段何気なくしている呼吸の仕方を少し変えるだけでも、こり固まりやすい胸椎や肋骨のあたりがほぐれて動きが改善され、やせやすい体になります。呼吸は体幹の深層筋と深く関係しているので、ダイエット成功の近道になり得るのです。私も気づいたときは、以下の呼吸を意識しています。

やり方はまず、背骨の真上に頭が乗っていて、両肩が左右にしっかり開いている正しい姿勢であることを確認します。そして、肋骨が広がったり閉じたりして、柔軟に動いていることを意識しながら、ゆっくり呼吸を繰り返してください。これらを意識するだけでも、深層筋を使った呼吸がぐんとしやすくなります。
また、電車での移動中やテレビを見ているとき、夜寝る前などのすきま時間に深い呼吸をするのもおすすめです。特に首や肩に力が入ってこりやすい人は、努めて深い呼吸を取り入れるといいでしょう。

やり方は、まず背骨の真上に頭を乗せ、両肩を左右に開いた姿勢になったら肋骨に両手を添えます。両手の人差し指から小指までを肋骨の前側、親指を後ろ側に置き、息を鼻から3秒吸って口から5秒吐きましょう。このとき、両手で触れている肋骨が前、横、後ろに360度広がっているかを確認してください。

胸式呼吸や深い呼吸で、日常的に浅かった呼吸が深くできるようになると自律神経のバランスが整います。そして横隔膜の柔軟性が高まって肋骨まわりの筋肉がほぐれ、首や肩の力も抜けてゆるみやすい状態に。

すると体幹の深層筋が使いやすくなるほか、体に酸素を取り込みやすくなるので血流がよくなり、脂肪を燃焼しやすい体に変わるのです。

呼吸がしやすくなると自然とリラックスできるので、ストレスを緩和するのにも役立ちます。前述したようにストレスはホルモンバランスを崩すので、ダイエットの大敵。だからこそ日ごろのストレスケアが大切です。

呼吸は体脂肪を燃やす面でも日常のストレス対策の面でも、ダイエットの強い味方になります。

深い呼吸が

脂肪を燃やし ストレスに 打ち勝てる体 にしてくれる

chapter

5

体を整形 ボディメイクエクササイズ

気になる部位の集中ケア法、教えます

このチャプターでは二の腕やウエスト、下腹部、背中、お尻、太もも、脚といった、日ごろから気になっているところを集中的にケアして、理想のボディラインに近づける方法を紹介します。

最後に紹介する、やせ効果を爆上げするエクササイズには、股関節を曲げる動作を改善することで後ろに傾いた骨盤を正しい位置に戻す効果が。サボりがちだったお腹やお尻の筋肉が使えるようになって、ポッコリ下腹も、たるんだお尻も引き締める力があります。なぜなら股関節の可動域が狭い人と広い人とでは、消費エネルギー量も大きく変わってくるからです。股関節の可動域が狭い人は、下腹やお尻などの股関節まわりの広範囲の筋肉が使えなくなるぶん消費エネルギー量が減り、やせにくく太りやすくなってしまいます。

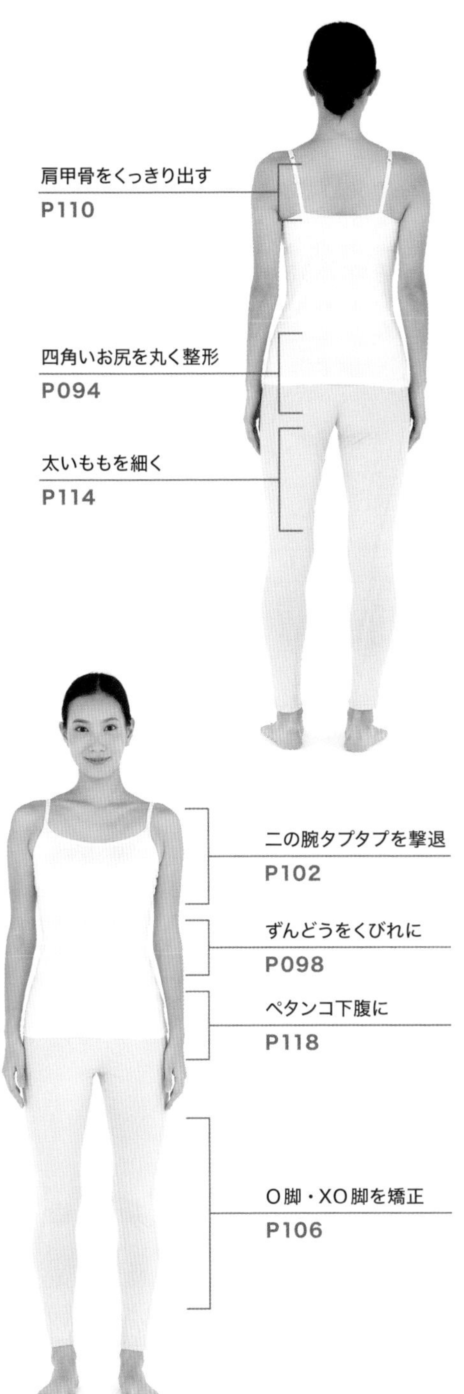

ほかにも、股関節まわりの筋肉が硬くなると血流が悪くなり、全身をめぐるはずの酸素量が減って、脂肪を燃焼しにくい体に。

この股関節が硬くなる原因は、日常の動作の影響が大きいことがわかっています。たとえば、下のほうにある物を取るときにも、股関節をあまり使わずに背中を丸めるクセがつくと股関節は硬くなるのです。股関節をきちんと曲げる動作を身につけると、骨盤が後ろに倒れにくくなり、やせやすく太りにくい体に変わります。

四角いお尻を丸く整形

普段から大臀筋、梨状筋（りじょうきん）、中臀筋が使えていないと、お尻はいびつな形に。
これらの筋肉に刺激を入れ、日常生活でも活躍させればお尻はきれいな形になります

❶ ひざ横向けリフト

Stand by

うつ伏せになり、腰幅程度に足を開く。
手のひらを重ね、おでこを乗せる

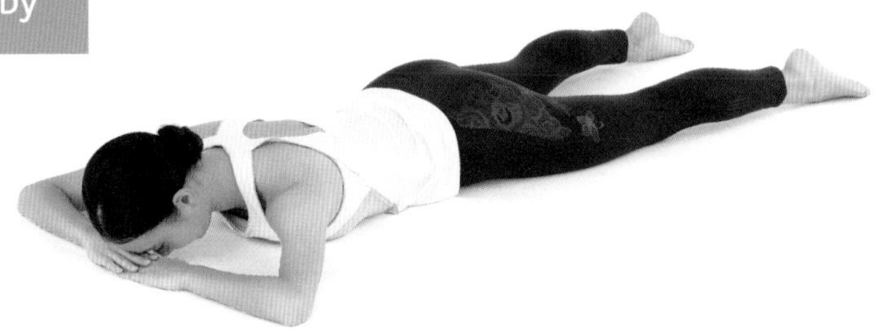

1 ひざを曲げる

左右に脚を開いてひざを曲げ、
つま先どうしをつける

POINT

ひざ頭を横に向けることで
お尻の深層筋に効く

2 ひざを伸ばし太ももを上げる

**ひざ頭をなるべく横に向けたまま脚を伸ばし、
息を吐きながら5秒間かけて脚を上げていく**

太ももから脚が上がるように意識しよう

POINT

「お尻の筋肉を使っている」とイメージしながら行うと効果的

正しいフォームでじっくり動作する
10回

NG 上半身が起き上がる

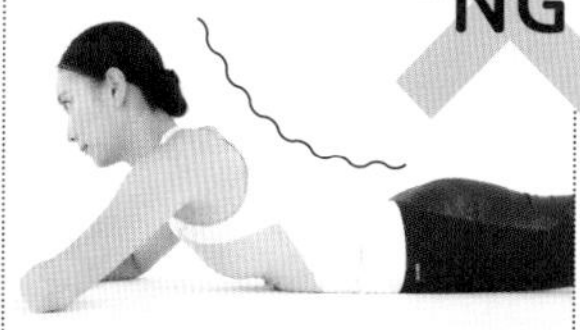

首や肩に力が入り腰にも負担がかかる。あごを引き、首の後ろを伸ばして行おう

OK

NG

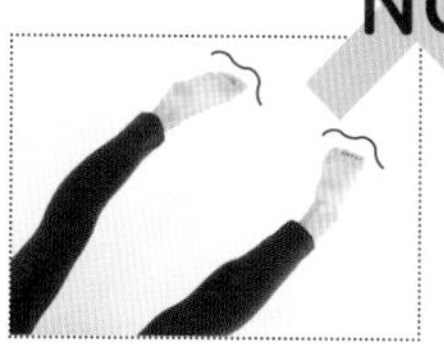

できるだけ、ひざ頭が横を向いた状態で行う。脚を上げたときに、ひざが下を向くと、お尻の形をきれいにする深層筋に効かない

より効果を上げる方法

お腹と床のあいだに手のひら分のスペースを空けるようにお腹を凹ませると、腹横筋も働く

ボディメイクエクササイズ

四角いお尻を丸く整形

❷ じっくり開脚

日常生活で眠っている梨状筋と中臀筋にフォーカスして刺激を入れることで、
2つの筋肉をめざめさせます。お尻の位置が高くなって脚長効果も

Stand by

あおむけになり、
ひざを曲げる

1 脚を上げる

両ひざを直角に曲げ、
股関節も直角になるよう脚を上げる

2 ひざを左右に開く

ひざ頭を横に向けるように、
お尻の筋肉を使ってひざを左右にゆっくり開く。
かかとをつけたまま行う

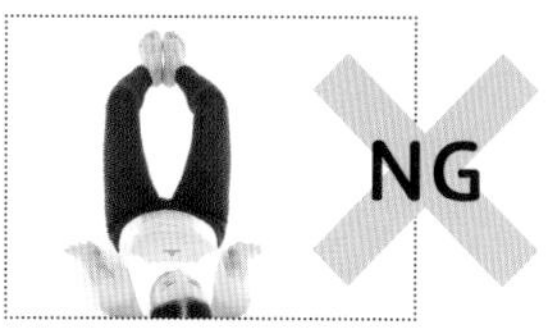

ひざを開ききる前に閉じると、股関節をしっかり外旋させられず効果が落ちる

3 ひざを閉じる

かかとをつけたまま、
ひざをゆっくり閉じていく。
呼吸は自然に行う

腰を反らせるとお尻の深層筋がうまく働かない。お腹を凹ませるようにすると腰は反らなくなる

じっくり動作する 10回

より効果を上げる方法

腰から背中を床にぴったりつけてお腹の深層筋を意識する。ひざを、これ以上開かないところまで開く。直角にしたひざの角度は変えないように

ボディメイクエクササイズ

ずんどうをくびれに

❶ わき腹縮め

日常生活ではサボりがちな、お腹をギュッと締める腹斜筋や腰方形筋。
ここが使えるようになるだけで、くびれはつくりやすいものなんです

四つんばいになる

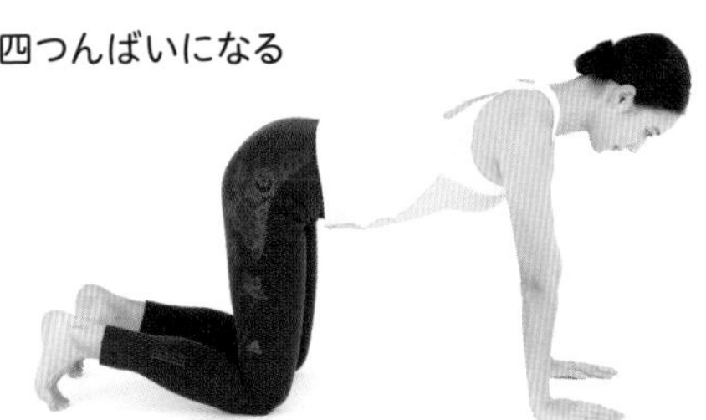

1 右脚を伸ばす

右脚を左ななめ後ろ方向（脚をクロスさせる方向）に伸ばす

じっくり
丁寧に
動作する

10回

（反対側も同様に）

2 右ひざをわき腹に

右ひざをなるべく横から、わき腹に近づける。
このわき腹を縮める動きを繰り返す。
呼吸は自然に行う

NG 肩が下がる

肩がどちらか下がって体が傾いてしまうと、わき腹を縮められない

NG ねこ背や反り腰

ねこ背になったり反り腰になったりしてしまうと、わき腹を縮められない

より効果を上げる方法

わき腹をグッと縮めて、できるだけ、ひざとわき腹を近づける。背中を床と平行に保つように意識してお腹が下がらないようにしよう。直角にしたひざの角度は変えないように

ずんどうをくびれに

❷ 横向き脚上げ

腹斜筋や腰方形筋に、脚の重みをかけることで強制的にめざめさせます。
あまり使えていない筋肉を意識しやすくする効果的なエクササイズです

Stand by あぐらをかいて
背すじを伸ばす

1 横にひじをつく

横座りになって左のひじを床につく

2 右腕と右脚を伸ばす

右脚を伸ばし、右腕をななめ上に上げる

3 右腕と右脚を近づける

わき腹を縮めて右脚を上げていき、
その脚に右腕を近づける。呼吸は自然に行う

じっくり
丁寧に
動作する

10回

（反対側も同様に）

NG 体幹をまっすぐに保てない

左のわき腹が床に近づくと、背すじが丸まったり反り腰になったりする

より効果を上げる方法

ひじをついた側のわき腹を床からグッと持ち上げるようにする。頭から伸ばした足の先を一直線上に保つ

二の腕タプタプを撃退

❶ 肩甲骨寄せ

上腕三頭筋と肩甲骨まわりの筋肉をしっかり収縮させることで、
使えていない二の腕あたりの筋肉をめざめさせられるお手軽エクササイズです

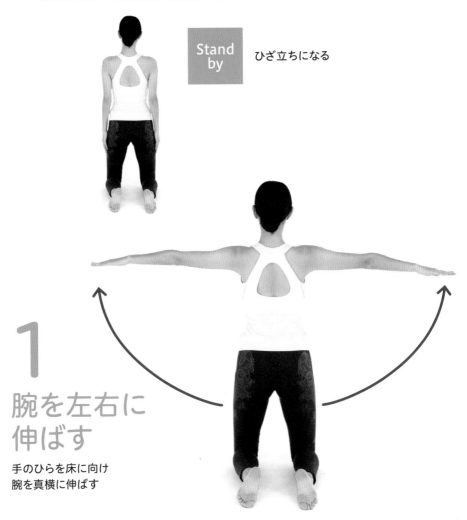

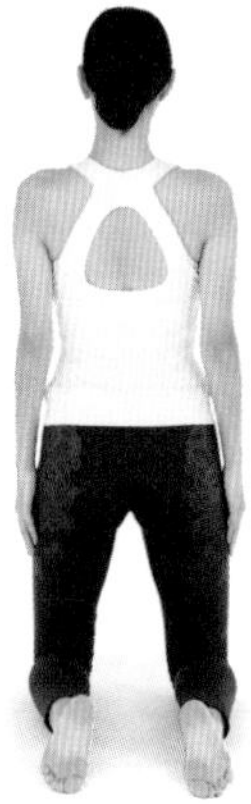

Stand by ひざ立ちになる

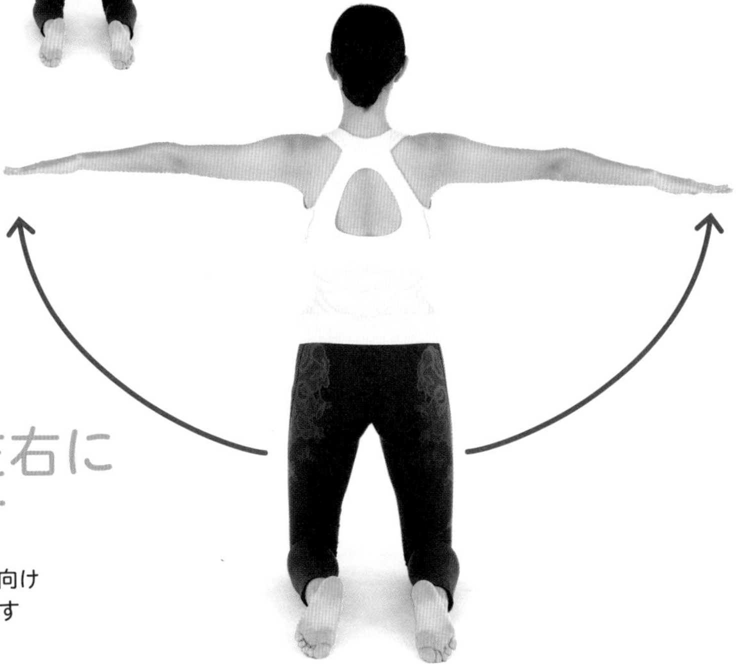

1 腕を左右に伸ばす

手のひらを床に向け
腕を真横に伸ばす

2 手のひらを上に向ける

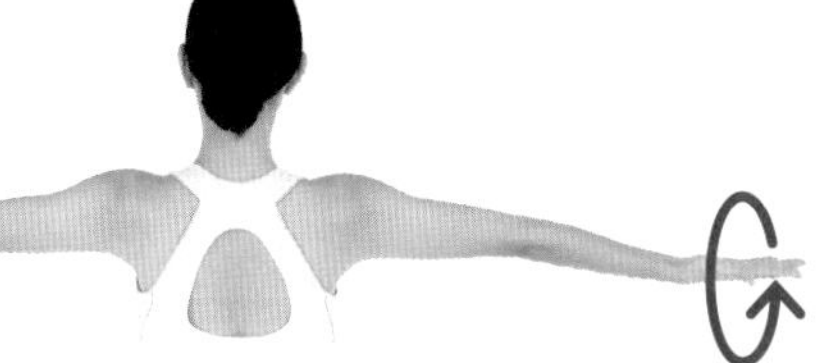

腕をねじって手のひらを天井に向ける

3 ひじどうしを近づける

手のひらを上に向けたまま、
ひじどうしを近づけて
二の腕をしぼりあげる。呼吸は自然に行う

じっくり丁寧に動作する　10回

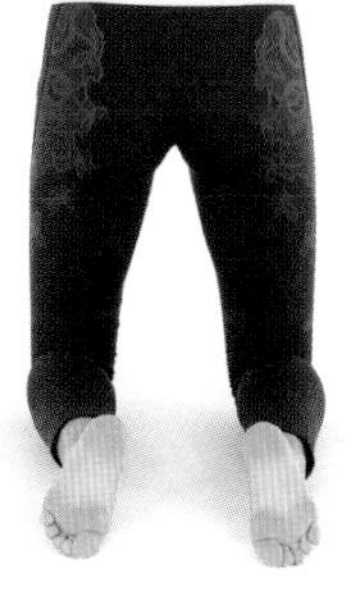

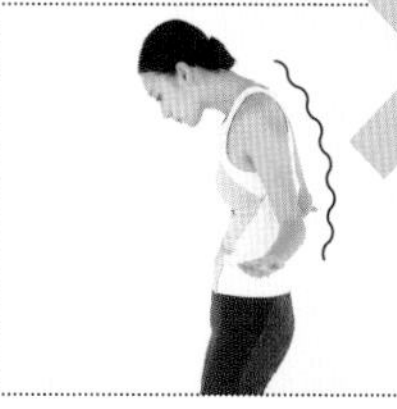

NG 背すじが丸まる

ねこ背になると二の腕の筋肉をしぼりにくくなる

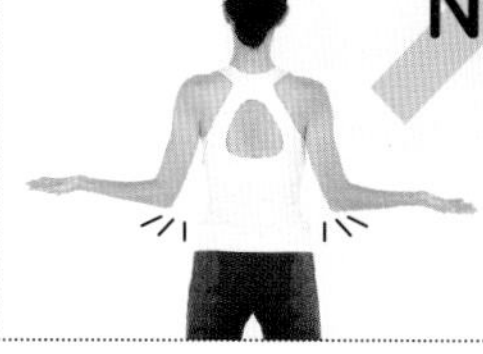

NG ひじが離れている

ひじが近づかないと腕の動きは小さくなり、二の腕をしぼれなくなる

より効果を上げる方法

肩甲骨を寄せるように意識して、できるだけ、ひじどうしを近づける。胸を張り、背すじを伸ばす

二の腕タプタプを撃退

❷ 背中で腕寄せ

二の腕裏側にある上腕三頭筋への刺激を、より強化したエクササイズです。
しっかりとしぼりあげられるため、眠っていた筋肉を刺激できます

Stand by ひざ立ちになる

1 上半身を前傾させる

上半身を前傾させ、
手のひらを正面に向けて
両腕をしっかり伸ばす

2 腕を後ろに動かす

背中の後ろで
小指どうしをできるだけ近づけて
5秒間キープ。呼吸は自然に行う

5秒間キープ

じっくり丁寧に動作する 10回

ねこ背になると二の腕の筋肉をしぼりにくくなる

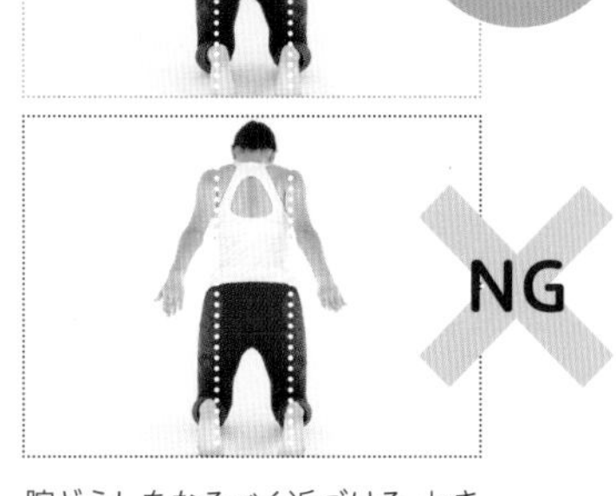

腕どうしをなるべく近づける。わきが開いていると、二の腕をしぼりあげられない

より効果を上げる方法

脚の付け根(股関節)から体を倒すようにして、胸を張って行う。肩甲骨を寄せるように意識しながら、できるだけ腕どうしを近づける

O脚・XO脚を矯正

❶ お尻外旋上げ

眠っているお尻の深層筋をピンポイントで刺激することで、股関節の位置を正し、
脚の形を整えるエクササイズです

あお向けになり、
かかとを揃えてお尻に近づける。
腕は左右に開く

1 右脚を大きく開く

右脚をしっかり開き、左のお尻を少し浮かせる

2 お尻を右上に上げる

脚を開いたまま右ななめ上に
お尻を高く持ち上げる。ゆっくり戻す

3 左脚を大きく開く

左脚をしっかり開き、
右のお尻を少し浮かせる

4 お尻を左上に上げる

脚を開いたまま
左ななめ上にお尻を高く持ち上げ、
ゆっくり戻す。呼吸は自然に行う

じっくり丁寧に動作する 10回

NG 腰が反る

反り腰になってしまうと脚の筋肉をうまく刺激できない

ひざが閉じる NG

ひざが閉じるとお尻の外側の筋肉をうまく刺激できない

より効果を上げる方法

2と4で頭・お尻・ひざまでを一直線上に保つ。脚を大きく開くことを意識して行う

O脚・XO脚を矯正

❷ 脚のねじれ矯正

太ももが内側にねじれていて、すねが外側にねじれた状態で固まるのがO脚・ＸO脚です。
ストレッチでほぐして、ねじれを緩和していきましょう

Stand by

あぐらから右脚を前に出し、
左右の手で右太ももを
しっかりはさむ

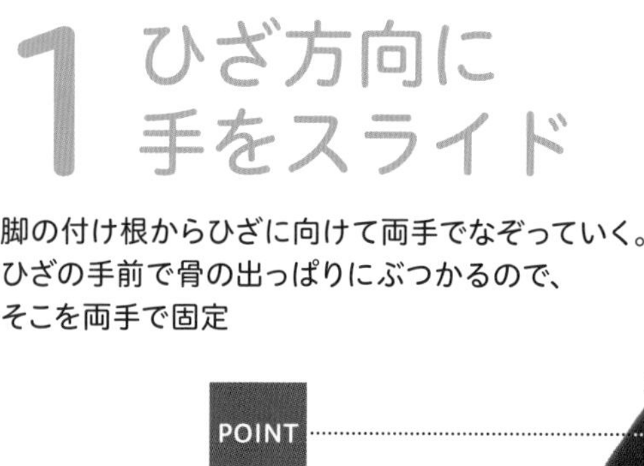

1 ひざ方向に手をスライド

脚の付け根からひざに向けて両手でなぞっていく。
ひざの手前で骨の出っぱりにぶつかるので、
そこを両手で固定

POINT

ひざの近くに
骨の出っぱりがある

2 足首を内側にしぼる

固定した太ももの骨を
動かさないように、
足首を直角にしたまま、
ひざから下だけを
内側にしぼる

FRONT

3 ひざを伸ばす

手で太ももを固定し、
ひざから下を内側にしぼったまま、
ひざを伸ばしきる

じっくり
丁寧に
動作する

10回

（反対側も
同様に）

NG 太ももが動く

ひざ下を内側に動かす動作に
つられて太ももが動くと、ねじ
れ解消効果が得られない

より効果を上げる方法

太ももが内側に動かないように、最後まで両手でしっかり固定する。はさんだ両手のひらが体に垂直になるよう意識する。太ももに力が入るところまで、ひざを伸ばしきる

ボディメイクエクササイズ

肩甲骨をくっきり出す

❶ 二の腕開き

動作としては腕を左右に開いていますが、このとき脊柱の屈曲伸展も起きているため、肩甲骨まわりの筋肉をしっかり刺激できます

Stand by
あぐらをかく

1 ひじをわきにつける

手のひらを上に向けて、ひじをわきにつける

手のひらは天井に向ける
POINT

2 前腕を左右に開く

ひじの位置を固定したまま、
前腕を左右に開く。呼吸は自然に行う

じっくり
丁寧に
動作する

10回

SIDE

NG ひじの位置が動く

ひじの位置がズレると、肩甲骨まわりの筋肉がしっかり動かない

NG 肩や首に力が入る

肩甲骨が上がり、背中の筋肉がうまく使えなくなる

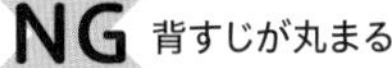

NG 背すじが丸まる

ねこ背になると背中の筋肉がうまく動かない

より効果を上げる方法

坐骨の真上に座り、頭が天井から引っ張られるようなイメージで背すじを伸ばす。ひじをわきから離さないよう気をつけ、胸を張る。横から見たときの肩と耳たぶの位置を床から垂直線上に保ち、首と耳を離すようにする

肩甲骨をくっきり出す

❷ あぐらツイスト

背中の筋肉や肋骨についている筋肉をほぐすことで
姿勢が整い、埋もれた肩甲骨がくっきりあらわれるエクササイズです

Stand by

あぐらをかいて
両手のひらを頭の後ろに

1 体を左にしぼる

左ひじを真横に開きながら、
上半身を同じ側にめいっぱいねじる

2 体を右にしぼる

右ひじを真横に開きながら、
上半身を同じ側にねじる。
呼吸は自然に行う

じっくり
丁寧に
動作する

10回

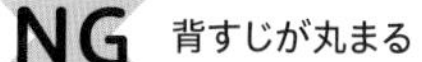

NG 背すじが丸まる

ねこ背だと、肩甲骨まわりの筋肉が動かず、ほぐれない

NG 肩や首に力が入る

狙っていない部位に力が入り、うまく体をねじれなくなる

より効果を上げる方法

胸を張る。坐骨の真上に座り、頭が天井から引っ張られるようなイメージで背すじを伸ばす。首と耳の距離を長く保つ。しぼる動作のときに肩甲骨を寄せるよう意識する

ボディメイクエクササイズ

太いももを細く

❶ 内転筋ほぐし

アンバランスについた表面の筋肉をゆるめ、お腹の深層筋を鍛えながら内転筋をゆるめます。X 脚や XO 脚の人には特に効果的です

Stand by あお向けになる

1 脚を上げ ひざを曲げる

脚を床に垂直に上げて、
ひざを直角に曲げる

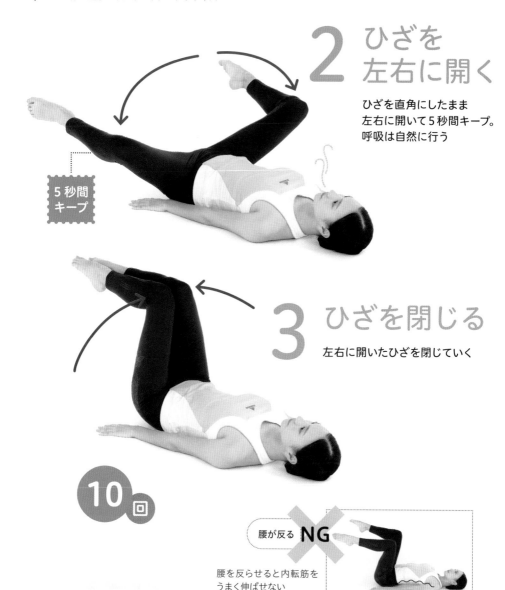

2 ひざを左右に開く

ひざを直角にしたまま
左右に開いて5秒間キープ。
呼吸は自然に行う

5秒間キープ

3 ひざを閉じる

左右に開いたひざを閉じていく

10回

腰が反る NG

腰を反らせると内転筋を
うまく伸ばせない

より効果を上げる方法

お腹の深層筋を意識して、背中から腰が床にピタッとついた状態を保つ。内ももがキューッとストレッチされるのを感じるまで、ひざを限界まで開ききる

ひざの角度が変わる NG

ひざの角度が変わると内
転筋をうまく伸ばせない

太いももを細く

太もものボリュームが気になる人は太もも前面や外側の筋肉ばかり使いがち。
その負担をお尻に移すと太ももは自然に細くなります

左に横向きに寝てひじをつき、
左右のひざを直角に曲げる

1

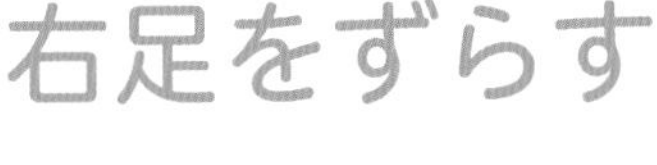

右足が床につくよう少し後ろにずらす。
右手は自然に右脚に

2 右脚を開く

右足の裏を床につけたまま、
右ひざをしっかり開く

3 手でひざを押す

5秒間
押し合う

右手で、開こうとする
ひざを押すようにする。
手とひざで5秒間押し合う。
呼吸は自然に行う

10回
（反対側も同様に）

POINT お尻の筋肉を使えていることを意識

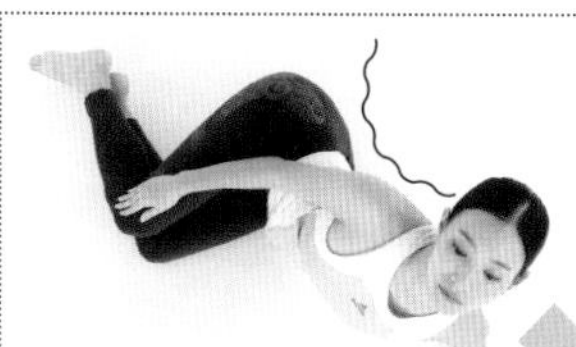

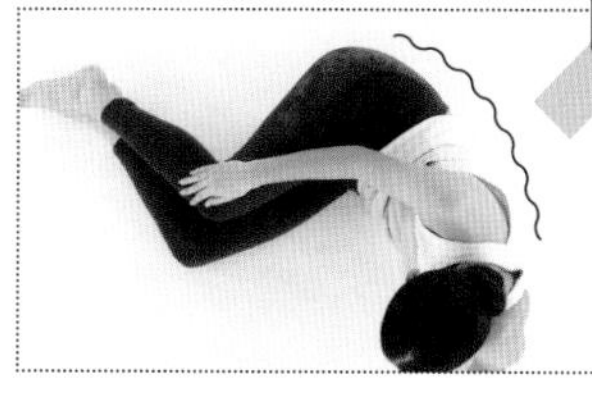

NG 反り腰やねこ背になる

狙った太ももの筋肉を
刺激できない

より効果を上げる方法

頭からお尻までを一直線上に保つ。お尻に力が入るところまで、ひざを開ききる。骨盤が前後に傾かないように

ボディメイクエクササイズ

ペタンコ下腹に

❶ 腸腰筋伸ばし

股関節をやわらかくしながら、お腹の深層筋（腹横筋、骨盤底筋群）を鍛えることで
下腹を凹ませて引き締めます

Stand by

ひざ立ちになる。
肩幅程度に脚を開く

1 右足を踏み出す

右脚を前に出して片ひざ立ちになり、
背すじを伸ばす

2

右ひざを グッと前に

お尻が後ろに出ないよう気をつけて、
さらに右ひざを右つま先あたりまで
前に出す

3

両手を頭上に

1分間
キープ

（反対側も
同様に）

ひじを伸ばしたまま両手を
頭上に上げていく。1分間キープ

お尻を後ろに引く　NG

お尻を後ろに引くと、ひざを曲げすぎてしまい、ひざに負担がかかる。また深層筋にも刺激が入らない

より効果を上げる方法

お尻に力を入れるよう意識をする。腰から反るのではなく、胸から反るように

ペタンコ下腹に

❷ 脚はさみ

脚の重みを使って、お腹の深層筋（腹横筋、骨盤底筋群）をしっかり鍛えていきます。
下腹引き締め効果の高いエクササイズです

Stand by

あお向けになり
両手は床に

1 両脚を上げる

ひざを伸ばしたまま、
両脚を床に垂直に上げる

2 左脚をゆっくり下ろす

ひざを伸ばしたまま、
床につかない程度に左脚を
ゆっくり下げていく

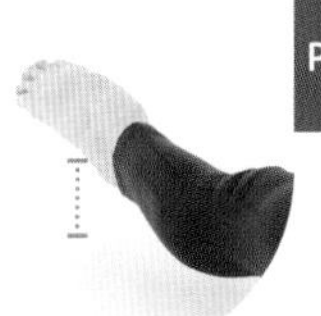

3 脚を交差させる

左脚をゆっくり上げ、
右脚を床につかない程度に
ゆっくり下げていく

じっくり丁寧に動作する 10回

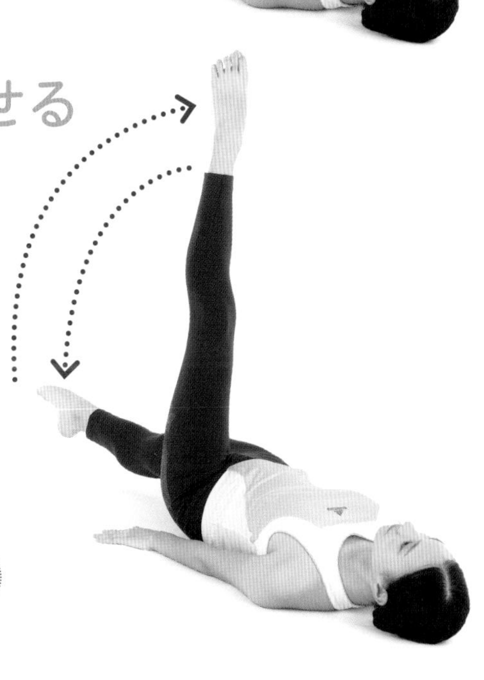

NG あごが上がる

あごが上がると首に力が入ってしまい、お腹の深層筋に力が入りにくくなる

より効果を上げる方法

あごを軽く引き、肩甲骨をお尻に向かって下げるように意識する。お腹の深層筋を意識して、背中から腰が床から離れないようにする

ボディメイクエクササイズ

やせ効果アップ&骨盤後傾解消

Stand by

ひざ立ちになり、
脚の付け根に
左右の手を当てる

股関節たたみ ❶

じっくり丁寧に動作する 10回

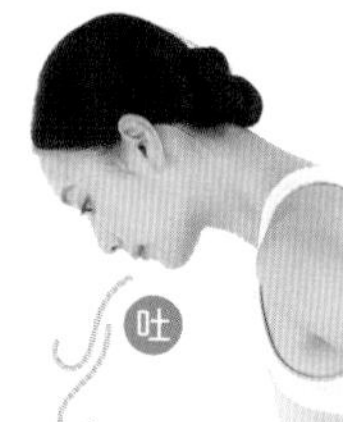

NG 肩がすくむ

肩甲骨の位置がズレて背すじが丸まり、股関節の動きがおそろかに

1 お尻を引く

背すじを伸ばしたまま、
お尻を後ろに引いていく。
息を吐きながら行おう

POINT

太ももと下腹を近づけるよう意識する。指をはさむ意識で行う

NG 背すじが丸まる

ねこ背になると股関節の動きが出ない

2 体を戻す

息を吸いながら
体をまっすぐに戻していく

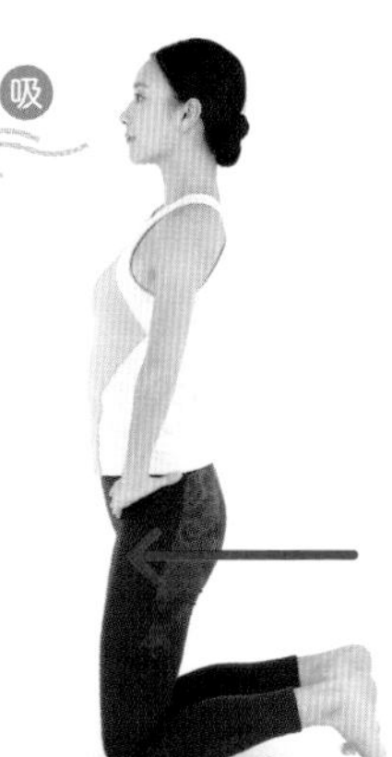

ボディメイクエクササイズ

やせ効果アップ&骨盤後傾解消

股関節たたみ ❷

じっくり丁寧に動作する 10回

Stand by

肩幅程度に足を開き、
左右の手の小指側を
脚の付け根に当てる

NG **肩がすくむ**
肩に力が入ると全身が硬くなり、股関節を曲げる動作がしにくくなる

1 お尻を引く

背すじを伸ばしたまま、
おじぎをするように
脚の付け根（股関節）から、
できるところまで折り曲げる

NG **背すじが丸まる**
ねこ背になったり背すじが丸まったりすると、肝心の股関節の曲がる角度が浅くなる

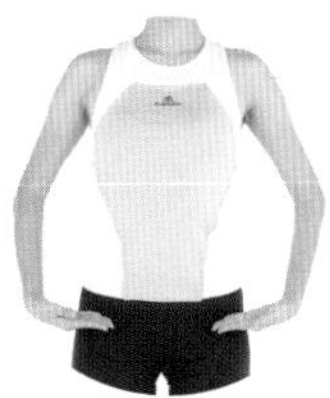

POINT

脚の付け根に手の小指側を当て、そこから折り曲げるよう意識して

2 体を戻す

体をまっすぐに戻していく

より効果を上げる方法

胸を張り、お尻を後ろに突き出すイメージで行う。理想は90度倒すことだが、背すじが丸まる人は、はじめはできるところまででOK。手を脚の付け根ではさむイメージで行う。首から耳にかけて長く保つように意識しよう

おわりに

あなたはあなたをもっとほめていい

ダイエットで「やろう」と思っていたエクササイズができなかったり、つい食べすぎたり、やる気が出なくて何もしなかったりすると、できなかった自分を責めてしまう人は多いと思います。

私自身も自分を厳しく律するあまり、決めたことを実行できなかったときに大きな挫折感を味わってきました。

どうして自分はこんななんだろう、と。

そもそもラクをしたくなったりサボりたくなったりするのは、人間が生き残るために遺伝子に組み込まれていることです。つねに頑張りすぎて余力がないと、いざというときに体が動きません。

ダイエットを始めるのも続けるのも簡単ではないので、サボったり、やる気が出なかったりすることは誰でもあります。よくあります。そんなときこそ自分を責めるのではなく、むしろ自分のいいところを見つけて、ほめてほしいのです。

「今日、サボった自分はだめだった」ではなく「今日はおいしい物を食べて、リフレッシュできた」「最近、ストレスが溜まっていたから、今日はゆっくり休めてよかった」というふうに、つねにいい面を見つけて自分に声をかけてあげることが大事です。

この調子で「今日は体にいい物を食べることができてよかったね」「やっていなかったストレッチを1種類できた」などと、必ずいいことや、できたことにフォーカスして毎日、自分に前向きな言葉をかけ続けましょう。

1日の終わりに、鏡を見ながらでも心のなかでもいいので「今日もよく頑張ったね」と自分をいたわって、ほめてあげるのです。

パッと思いつかないときは、私は1日の終わりによかったことを3つずつ思い出してノートに書いていました。
自分自身に「いい言葉」をかけ続けると、自然と自分のなかで何かが変わっていきます。自分を大切に考える習慣がつき、他人と比べたり自分を嫌いになったりすることが減って自信が芽生えてくるのです。
また、ものの見方や捉え方が変わってストレスが溜まりにくくなるので、おのずとダイエットも成功しやすくなります。

私は普段、パーソナルトレーナーとして、生徒さんたちを陰ながら支えていますが、誰にとっても「自分の最大、最強のパートナーは自分自身」です。誰も知らないあなたのいいところをいちばんよく知っていて、大切にできるのはあなた自身なのですから。
まずはダイエットを決意し、自分の体にいいことをしようと思った時点であなたは素敵です。もしうまくいかなくても、マイナスに捉えてあきらめるのではなく、やってみようとする自分、少しずつでも変わろうとする自分が、それだけで、すでに素敵なのだと、前向きに捉えてください。

そうして、体を動かしたり自分をケアしたりすることを楽しんで、つねに自分のいいところにフォーカスしていけば、いつの間にか太りにくく、やせやすい体に変わっています。

最大、最強のパートナーは自分自身だからこそ、自分にやさしく寄り添いましょう。そして、ダイエットの強い味方としてやせる背骨しぼりを活用して頂けたら、これほどうれしいことはありません。

パーソナルトレーナー　隅田 咲

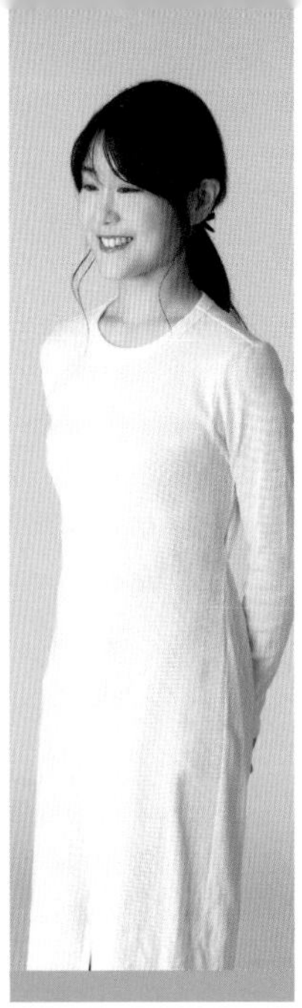

隅田　咲
（すみだ・さき）

パーソナルトレーナー。バレエ×パーソナルトレーニングジム プリマ代表。3歳よりクラシック・バレエを始め、小学校高学年より国内コンクールで多数入賞。高校卒業後は、奨学金を獲得し、イタリアのミラノ・スカラ座バレエ学校に入学。そこで、バレエだけでなく、ピラティス、解剖学を学び、海外のコンクールでもファイナリストに。
帰国後、ジムのインストラクターを経て2018年「バレエ×パーソナルトレーニングジム プリマ名古屋」を開業。2020年、YouTubeチャンネル「SAKIエレコアメソッド」をスタートさせる。
2024年3月現在、YouTubeチャンネル登録者数22.6万人、Instagram フォロワー 9.3万人。

やせる背骨しぼり

2024年5月10日　初版発行
2024年6月30日　第3刷発行

著　　者　隅田　咲
発 行 人　黒川精一
発 行 所　株式会社サンマーク出版
　　　　　〒169-0074　東京都新宿区北新宿2-21-1
　　　　　電話　03-5348-7800
印刷・製本　共同印刷株式会社

ISBN978-4-7631-4113-2　C2075
ホームページ　https://www.sunmark.co.jp

二次元コードでの動画視聴サービスは2025年末までご利用いただける予定ですが、予告なく終了する場合があります